Proportionale Zuordnungen

3 *l* Öl kosten 27,30 €. Wie teuer sind 7 *l*?

Lösungswege:

Dreisatz	Tabelle		quotientengleiche Größenpaare

Dreisatz:

$7\ l \mathrel{\hat=} x\ €$

$3\ l \mathrel{\hat=} 27{,}30\ €$

$1\ l \mathrel{\hat=} \dfrac{27{,}30}{3}\ €$

$7\ l \mathrel{\hat=} \dfrac{27{,}30 \cdot 7}{3}\ €$

$x = \dfrac{27{,}30 \cdot 7}{3} = \underline{63{,}70}$

Tabelle:

l	€
3	27,30
1	$\dfrac{27{,}30}{3}$
7	$\dfrac{27{,}30 \cdot 7}{3}$

$: 3$ und $\cdot\, 7$

$= 63{,}70$

quotientengleiche Größenpaare:

$\dfrac{x}{7} = \dfrac{27{,}30}{3}$

$x = \dfrac{27{,}30 \cdot 7}{3}$

$x = \underline{63{,}70}$

7 Liter Öl kosten 63,70 €.

1. Oliver kauft für seinen PC 30 CD-Rohlinge und zahlt 18,– €. Wie viel muss Lars für 25 Rohlinge bezahlen?

2. Eine Schule bestellt 75 Mathematikbücher und zahlt 1 275,– €. Bei einer Nachbestellung werden 15 Bücher bestellt. Wie teuer ist die Nachlieferung?

3. Ein Autohaus kauft 40 Reifen und zahlt 3 680,– €. Aufgrund der großen Nachfrage werden noch einmal 16 Reifen nachbestellt. Wie hoch ist der neue Rechnungsbetrag?

4. Ein Kinosaal war bei der gestern mit 160 Personen besetzt. Die Einnahmen betrugen 1 280,– €. Heute rechnet der Besitzer mit 350 Personen. Wie viel Euro wird er einnehmen?

5. Eine Busfahrerin hat an einem Tag 75 Karten für Erwachsene verkauft und 180,– € eingenommen. Wie viel Euro hat ein Kollege für 65 Karten eingenommen?

6. Elin sammelt Geld für Klassenfotos ein. Von 15 Schülern hat sie bereits 195,– € erhalten. Wie viel wird sie von den restlichen 12 Schülern noch einsammeln?

7. Eine Fahrt mit dem Schnellboot von Bremen nach Helgoland kostet für 6 Erwachsene 294,– €. Wie viel müssen 8 Erwachsene bezahlen?

8. Bei einer Geschwindigkeit von 120 $\frac{km}{h}$ dreht sich ein Autoreifen in 1 Minute 1 104 mal. Wie viele Umdrehungen macht er bei einer Geschwindigkeit von 50 $\frac{km}{h}$?

9. Michael zahlt für 35 Bratwürste 21,– €. Christian rechnet mit 25 Personen und möchte für jede 2 Bratwürste kaufen. Wie viel wird er bezahlen?

10. Die 8a und die 8c wollen zusammen eine Schifffahrt unternehmen. Die 8a hatte sich bereits erkundigt und weiß, dass sie für 24 Schüler 168,– € bezahlen muss. In der 8c sind 22 Schüler. Der Klassenlehrer will für beide Klassen die Karten holen. Wie viel muss er zahlen?

11. Herr Kilic hat 80 Gyrosbrötchen verkauft und einen Gewinn von 36,– € erzielt. Wie hoch ist sein Gewinn am nächsten Tag, wenn er 30 Brötchen mehr verkauft?

Proportionale Zuordnungen:

Je mehr – desto mehr
Je weniger – desto weniger

Je mehr man arbeitet – desto mehr verdient man
Je mehr man kauft – desto mehr muss man bezahlen
Je weniger man bezahlt – desto weniger hat man gekauft

Ergebnisse (ohne Einheiten): 15; 30; 49,50; 156; 156; 255; 322; 392; 460; 1 472; 2 800.

12. Herr Buck schenkt seiner Frau einen Strauß mit 18 Rosen und zahlt 28,80 €. Herr Maurer schenkt seiner Frau einen Strauß mit 14 Rosen. Wie viel muss er bezahlen?

13. Im Akkord werden in 6 Stunden 1 620 Schrauben eingesetzt. Wie viele Schrauben werden dann voraussichtlich in 8 Stunden eingesetzt?

14. In einem Baugebiet kostet ein Grundstück mit 450 m² 54 000,– €. Wie teuer ist ein Grundstück von 550 m²?

15. 35 Blatt DIN-A5-Papier wiegen 105 g. Wie viel wiegt ein Handbuch, das aus 175 Blatt besteht?

16. Ein Rasensprenger versprüht in 45 Minuten 720 l Wasser. Wie viel Liter versprüht er in 2$\frac{1}{2}$ Stunden?

17. 3 Pflasterer legen in 110 min 22 m² Steine. Wie viel verlegen sie in 3 Stunden?

18. Mit 25 Fuhren wurden 225 m³ Füllsand angefahren. Wie viel Kubikmeter können mit 43 Fuhren gebracht werden?

19. Für die Herstellung von 225 Berlinern benötigt eine Bäckerei 2 700 g Marmelade. Wie viel Gramm werden für 300 Berliner benötigt?

20. Seyde macht mit ihrer Mutter eine Fahrradtour. Am ersten Tag schaffen sie in 5 Stunden Fahrtzeit 85 km. Wie viel Kilometer können sie in den nächsten Tagen bei gleicher Durchschnittsgeschwindigkeit jeweils zurücklegen, wenn sie 6 Stunden, 8 Stunden und 3 Stunden fahren wollen?

21. Familie Müller hat ihr Wohnzimmer neu ausgelegt. Sie hat für 44 m² Teppichboden 792,– € bezahlt. Familie Wenk kauft den gleichen Teppichboden und benötigt 38 m². Wie viel muss sie bezahlen?

22. Für 350 km hat Frau Siebald 28 l Benzin benötigt. Ihr Tank fasst 70 l. Schafft sie bei gleichem Verbrauch eine Strecke von 850 km ohne zu tanken?

23. In 52 Tagen wurden 728 m eines Straßentunnels gebohrt. In 38 Tagen soll der Durchbruch geschafft sein. Wie lang wird der Tunnel werden?

24.

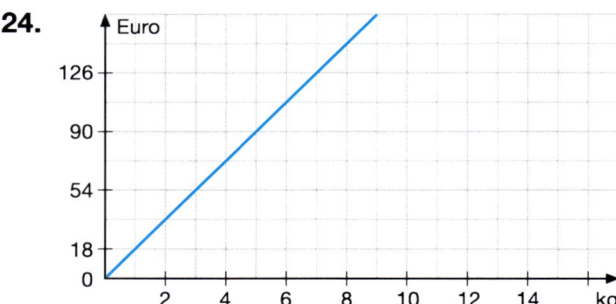

a) Lies aus dem Diagramm ab, wie teuer 6 kg (10 kg) der Ware sind.
b) Überlege dir nun, welche Zahlen auf der y-Achse ausgelassen worden sind. Lies anschließend die Preise für 4 kg, 8 kg und 12 kg ab.
c) Du kannst sogar die Preise für 3 kg, 7 kg und 11 kg ablesen.

25. Für 60 m² Wandfläche hat ein Maler 9 l Farbe benötigt. Wie viel Liter wird er für 140 m² benötigen?

26. Familie Bock hat im letzten Jahr für einen Wasserverbrauch von 144 m³ Kosten in Höhe von 576,– € gehabt. Dieses Jahr hat sie nur 126 m³ verbraucht. Wie viel muss sie bezahlen, wenn keine Preiserhöhung stattfindet?

27. Daniel spart für eine Stereoanlage. Er rechnet mit einem Betrag von 204,– €. In den letzten 5 Wochen hat er durch das Austragen von Zeitschriften 85,– € verdient. Wie viele Wochen muss er Zeitungen austragen, um sich die Anlage kaufen zu können?

28. In der Zeitung steht folgende Anzeige:

Wie teuer sind die freien Wohnungen?

29. Herr Kramer sät Rasen ein. Auf der Packung steht, dass der Inhalt von 3 kg für 150 m² reichen wird. Seine Fläche ist 400 m² groß. Wie viel Kilogramm wird er übrig behalten, wenn er 3 Packungen gekauft hat?

Ergebnisse (ohne Einheiten): 1; 12; 21; 22,40; 27; 36; 36; 51; 54; 63; 68; 72; 90; 99; 102; 108; 136; 387; 504; 525; 684; 1 260; 2 160; 2 400; 3 600; 59 400; 66 000; 79 200; 138 600.

30. Für 115,– € bekommt Frau Winter 5 Blusen. Wie viele Blusen bekommt sie für 69,– €?

31. Für 2 100,– € bekommt ein Händler 6 Fahrräder geliefert. Ein anderer Händler muss 2800,– € bezahlen. Wie viele Fahrräder hatte er bestellt?

32. Für 4 000,– € liefert ein Schulbuchverlag 250 Bücher aus. Eine Buchhandlung hat für 640,– € Bücher bestellt. Wie viele Exemplare erhält sie?

33. Ein Softwareunternehmen liefert von einem Programm 180 CDs zum Preis von 45 000,– €. Wie teuer sind 210 CDs von diesem Programm?

34. Für 160 Kinder rechnet eine Jugendherberge mit 560 Scheiben Brot. Für wie viele Kinder reichen dann 490 Scheiben?

35. Für 35 Berliner müssen 21,– € bezahlt werden. Wie viele Berliner bekommt man für 12,– €?

36. Eine Küche zahlt für 18 kg Wurst 270,– €. Eine Woche später kauft sie 21 kg Wurst. Auf welchen Betrag wird die Rechnung ausgestellt?

37. Frau Franz hat in ihrer Klasse 26 Kinder. Sie hat für die Klassenfahrt 3 640,– € eingesammelt. Herr Diem hat in seiner Klasse 3 080,– € eingesammelt. Wie viele Kinder sind in seiner Klasse?

38.

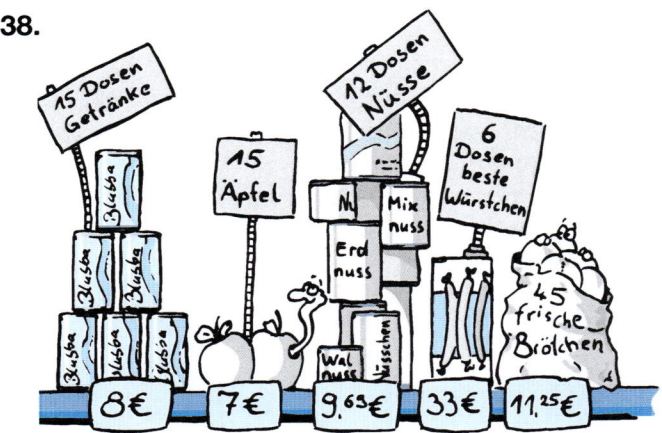

a) Fritz kauft 12 Dosen Getränke und 8 Dosen Nüsse.
b) Nadine kauft 30 Brötchen, 4 Dosen Würstchen und 18 Dosen Getränke.

39. Frau Markow zahlt für 16 Körnerbrötchen 7,20 €. Herr Ramke kauft 6 Brötchen weniger. Wie viel muss er bezahlen?

40. Frau Sommer zahlt für 6 Kisten Stiefmütterchen 40,80 €.
a) Herr Dirks kauft für sich und seine Nachbarn 15 Kisten. Wie viel muss er bezahlen?
b) Ein Erholungsheim kauft für seine Beete für 102,– € ein. Wie viele Kisten hat es gekauft?

41. Eine Reederei hat an einem Tag auf einem Ausflugsboot 275 Karten für 2 200,– € verkauft.
a) An einem anderen Tag verkaufte sie 325 Karten.
b) An einem heißen Sommertag hat sie 3 600,– € eingenommen.

42. Cengiz hat auf der Gocart-Bahn für 16 Runden 20,– € gezahlt.
a) Ibrahim ist 20 Runden gefahren.
b) Marianne hat 15,– € bezahlt.

43. Der Schulsprecher weiß, dass er für die letzte Klassenfeier für 26 Personen 39 Brötchen benötigt hat. Wie viel Brötchen muss er dann für eine Schulfeier mit 160 Personen einkaufen?

44. Ein Bauunternehmer hat in einem Bad mit 8 m² Grundfläche 200 Bodenfliesen benötigt.
a) Wie viele Fliesen benötigt er für ein Bad mit 15 m² Grundfläche?
b) Wie viel Quadratmeter hat er gefliest, wenn er 325 Fliesen verbraucht hat?

45. Eine Fleischerei hat einen Bratwurststand in einem Freizeitpark. Im Durchschnitt werden pro Tag 375 Bratwürste verkauft und 675,– € eingenommen.
a) An einem Regentag wurden 125 Würste weniger verkauft. Wie hoch waren die Einnahmen?
b) An einem heißen Urlaubstag wurden die Einnahmen um 270,– € übertroffen. Wie viele Würste wurden verkauft?
c) Bei einer Aktion wurden alle Einnahmen über 540,– € gespendet. Wie viele Würste wurden verkauft, wenn 360,– € gespendet wurden.

Ergebnisse (ohne Einheiten): 2,70; 3; 8; 12; 12,80; 13; 15; 20; 22; 25; 39,10; 40; 102; 140; 240; 315; 375; 450; 450; 500; 525; 2 600; 52 500.

Umgekehrt proportionale Zuordnungen

7 Druckmaschinen benötigen 900 Minuten. Wie lange brauchen 12 Maschinen für den gleichen Auftrag?

Lösungswege:

Dreisatz	Tabelle		produktgleiche Größenpaare
12 M $\triangleq$ x min	Masch	min	$7 \cdot 900 = 12 \cdot x$
7 M $\triangleq$ 900 min	7	900	$\frac{7 \cdot 900}{12} = x$
1 M $\triangleq$ 900 · 7 min	1	7 · 900	525 = x
12 M $\triangleq$ $\frac{7 \cdot 900}{12}$ min	12	$\frac{7 \cdot 900}{12}$	x = $\underline{525}$
x = $\frac{7 \cdot 900}{12}$ = 525		= $\underline{525}$	

Tabelle: : 7 (7 → 1), · 12 (1 → 12); · 7 (900 → 7 · 900), : 12 (7 · 900 → $\frac{7 \cdot 900}{12}$)

12 Maschinen benötigen 525 Minuten.

---

1. Das Papier auf dem Schulhof wird von 3 Schülern in 15 Minuten aufgesammelt. Wie lange brauchen 5 Schüler?

2. Wenn durch einen Schlauch 25 *l* in einer Minute fließen, ist das Becken in 36 Minuten gefüllt. Wie lange dauert es, wenn nur 20 *l* in einer Minute durchfließen?

3. Wenn 5 Lkw zum Abfahren eines Schuttberges eingesetzt werden, muss jeder Lkw 16 mal fahren. Aufgrund eines Motorschadens fällt ein Lkw aus. Wie oft muss jetzt jeder Wagen fahren?

4. Wenn Helen ihre Taschenlampe jeden Tag 45 Minuten nutzt, reicht die Batterie 6 Tage. Wie lange reicht sie, wenn sie die Taschenlampe täglich 54 Minuten einschaltet?

5. Eine Malerfirma geht davon aus, dass sie das neue Verwaltungsgebäude mit 6 Malern in 96 Stunden renovieren kann. Wie lange benötigen 8 Maler für diese Arbeit?

6. Ein Holzstab wird in 68 Stücke von je 35 mm zersägt. Wie viele Stücke erhält man, wenn ein Stück nur 20 mm lang ist?

7. Ein Pkw benötigt auf langen Fahrten 7,5 *l* auf 100 km. Dann reicht die Tankfüllung 600 km. Im Stadtverkehr verbraucht er 9 *l* auf 100 km. Wie viel Kilometer reicht die Tankfüllung jetzt?

8. Wenn Christian auf seiner Ferienfahrt täglich 2,40 € ausgibt, reicht er genau 15 Tage. Da in Skandinavien alles sehr teuer ist, gibt er täglich 3,60 € aus. Wie viel Tage muss er ohne Taschengeld auskommen?

9. Frau Dambietz will ihr Ferienziel in 4,5 Stunden erreichen. Sie geht von einer Durchschnittsgeschwindigkeit von 120 $\frac{km}{h}$ aus. Aufgrund von Staus und dichtem Verkehr schafft sie nur 90 $\frac{km}{h}$. Wie viel Stunden kommt sie später an?

Umgekehrt proportionale Zuordnungen:

Je weniger – desto mehr
Je mehr – desto weniger

Je weniger Maschinen eingesetzt werden – desto mehr Zeit wird benötigt
Je mehr Personen arbeiten – desto weniger Zeit benötigt man
Je weniger Personen arbeiten – desto mehr Zeit benötigt man

Ergebnisse (ohne Einheiten): 1,5; 5; 5; 9; 20; 45; 72; 119; 500.

10. Der Essenvorrat in einem Heim reicht bei der Aufnahme von 36 Kindern für 5 Tage. Wie lange wird er reichen, wenn 45 Kinder aufgenommen werden?

11. Mit 3 Kränen würde ein Schiff in 4 Stunden entladen. In wie viel Minuten wird es von 5 Kränen entladen?

12. Ein Paket Schwarzbrot enthält 8 Scheiben, wenn sie in einer Stärke von 9 mm geschnitten werden. An einem Tag schneidet die Maschine 3 mm dicker. Wie viele Scheiben sind jetzt in dem Paket?

13. Wenn in einem Buch 54 Zeilen pro Seite stehen, wird es auf 220 Seiten gedruckt. Wie viele Seiten werden benötigt, wenn 60 Zeilen pro Seite gedruckt werden?

14. Wenn Frau Stein für die Korrektur von Aufsätzen pro Heft 35 Minuten braucht, schafft sie an einem Nachmittag 6 Hefte. Wie viele Aufsätze korrigiert sie, wenn sie pro Heft 42 Minuten benötigt?

15. Wenn 5 Musiker einen Marsch spielen, benötigen sie genau 192 Sekunden. Wie lange brauchen 3 Musiker für diesen Marsch?

16. Die Schulsprecherin plant eine Musicalfahrt und bestellt einen Bus. Sie geht davon aus, dass pro Person 14,– € Fahrtkosten entstehen, wenn alle 48 Plätze besetzt werden. Sie findet aber nur 40 Teilnehmer. Welche Fahrtkosten entstehen jetzt pro Person?

17. 7 Gärtner würden die Grünanlagen einer Schule in 3 Tagen bearbeiten, wenn sie täglich 6 Stunden eingesetzt würden. In wie viel Stunden werden 6 Gärtner mit der Arbeit fertig?

18. Eine Klasse veranschlagt für eine Wanderung 3,5 Stunden, wenn sie durchschnittlich 6 km pro Stunde schafft. Sie ist bereits nach 3 Stunden am Ziel. Wie viel km hat sie pro Stunde geschafft?

19. 4 Abfüllmaschinen können in 6 Stunden 19 800 Flaschen abfüllen. Wie viele Flaschen werden in 5 Arbeitstagen abgefüllt, wenn die Maschinen täglich 8 Stunden laufen?

20. 15 Näherinnen können einen Auftrag in 12 Arbeitsstunden bearbeiten.
a) Wie lange brauchen 9 Näherinnen für diesen Auftrag?
b) Wie viele Näherinnen müssen eingesetzt werden, wenn der Auftrag erst nach 30 Stunden fertig sein muss?

21. Eine Malerfirma teilt 6 Maler für eine Baustelle ein. Sie sollen in 35 Stunden alle Arbeiten fertig stellen.
a) Gleich zu Beginn melden sich zwei Maler krank. Wie viele Stunden werden jetzt benötigt?
b) Wie viele Maler werden benötigt, wenn die Arbeit bereits nach 30 Stunden fertig sein soll?

22. In einer Praxis werden je Patient 15 Minuten veranschlagt. Dann können an einem Vormittag 16 Anmeldungen entgegengenommen werden.
a) Der Arzt gibt die Anordnung, dass man in Zukunft von einer durchschnittlichen Behandlungszeit von 12 Minuten ausgehen soll. Wie viele Anmeldungen sind jetzt möglich?
b) Während einer Grippewelle werden 48 Patienten beraten. Wie viel Zeit steht je Patient zur Verfügung?

23.

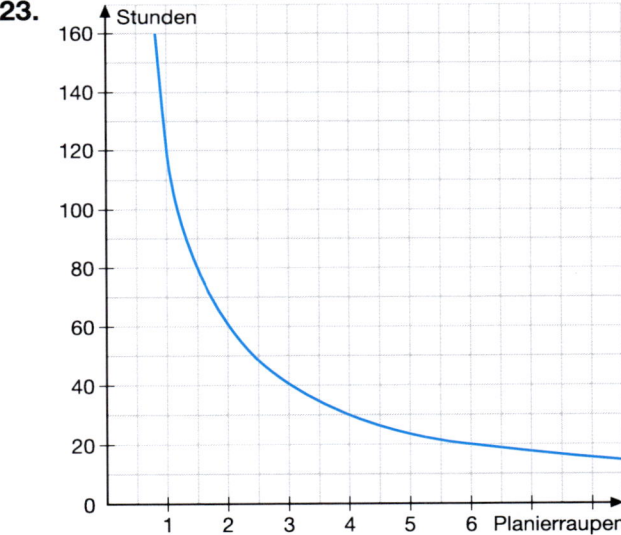

a) Wie viele Planierraupen müssen eingesetzt werden, wenn 30 (24) Stunden zur Verfügung stehen?
b) Wie viele Stunden werden beim Einsatz von 3 (2) Planierraupen benötigt?

Ergebnisse (ohne Einheiten): 4; 4; 5; 5; 5; 6; 6; 7; 7; 16,80; 20; 20; 21; 40; 52,5; 60;144; 192; 198; 132 000.

1. 8 Pumpen füllen ein Becken in 490 Minuten. Wie lange brauchen 14 Pumpen, um das Becken zu füllen?

2. Für den Abschluss einer Lebensversicherungen über 75 000,– € bekommt ein Vertreter 1 875,– €. An einem Tag schließt er Versicherungen über 60 000,– €, 80 000,– € und 50 000,– € ab. Wie hoch ist seine Provision insgesamt?

3. Für 3 550 Stehplatzkarten nimmt ein Fußballverein 42 600,– € ein. Wie viele Karten hat er verkauft, wenn er 49 440,– € eingenommen hat?

4. Ein 1,50 m langer Stab wirft einen Schatten von 2,70 m.
   a) Ein Baum hat bei gleichem Sonnenstand einen Schatten von 10,80 m. Wie hoch ist der Baum?
   b) Wie lang ist dann der Schatten eines 20 m hohen Turmes?

5. Ein Lkw legt bei konstanter Fahrt auf der Autobahn in 5 Minuten 7 km zurück. Wie viel Stunden und Minuten muss der Fahrer noch für 189 km einplanen?

6. Ein Silberbarren hat ein Volumen von 50 cm³ und wiegt 525 g.
   a) Wie schwer ist ein Barren, der ein Volumen von 86 cm³ hat?
   b) Ein anderer Barren wiegt 168 g. Bestimme sein Volumen.

7. Zwei Lkw-Fahrer vergleichen ihre Durchschnittsgeschwindigkeit. Der erste ist durchschnittlich 78 $\frac{km}{h}$ gefahren und hat für die Strecke 40 Minuten gebraucht. Der zweite Fahrer hat 39 Minuten benötigt.
   a) Wie hoch ist die Durchschnittsgeschwindigkeit des zweiten Fahrers?
   b) Wie lang ist die gefahrene Strecke?

8. Sabine legt mit ihrem Rad in 4 Stunden 64 km zurück. Wie lange fährt sie bei gleicher Durchschnittsgeschwindigkeit noch, wenn sie insgesamt 76 km schaffen will?

9. Familie Aslan benötigt für ihren Lebensunterhalt in 31 Tagen 713,– €. Wie viel hat sie bereits nach 18 Tagen ausgegeben?

10. Franziska reicht mit ihrem Urlaubstaschengeld genau 14 Tage, wenn sie täglich 5,50 € ausgeben würde. Sie gibt aber täglich 7,– € aus. Wie viele Tage muss sie ohne Taschengeld auskommen?

11. Die 8a hat für 24 Fahrkarten 84,– € gezahlt. Wie viel muss die 8c bezahlen, wenn von ihren 22 Schülern 2 eine Freikarte haben?

12. Familie Scholz hat in einem 14-tägigen Urlaub für die Übernachtungen 1 610,– € bezahlt.
    a) Wie viel muss Familie Schneider für einen 20-tägigen Urlaub einplanen?
    b) Familie Kilic hat 2990,– € gezahlt. Wie viel Tage war sie im Urlaub?

13. Patrick braucht für das Austragen von Zeitungen 4 Stunden. Er hat sich ausgerechnet, dass er auf einen Stundenlohn von 5,25 € kommt. Wie hoch ist sein Stundenlohn, wenn er beim nächsten Mal eine halbe Stunde weniger braucht und das gleiche Geld bekommt?

14. Aus einer Wurstmasse können 800 Würstchen hergestellt werden, wenn ein Würstchen 75 g wiegt. Wie viele Würstchen, die 80 g wiegen, können aus der gleichen Masse hergestellt werden?

15. Ein Steinsetzer hat in 6 Arbeitsstunden 32,4 m² gepflastert.
    a) Wie viel Quadratmeter kann er dann unter gleichen Voraussetzungen in 15 Stunden schaffen?
    b) Auf einer Baustelle haben 3 Steinsetzer 12 Stunden unter den gleichen Voraussetzungen gearbeitet. Wie viel Quadratmeter haben sie gepflastert?

16. Frau Priemer hat für die ersten 135 km 75 min gebraucht. Insgesamt muss sie 378 km zurücklegen. In wie viel Minuten wird sie wahrscheinlich ankommen?

17. Ein Losverkäufer hat auf einer Tombola 120 Lose verkauft und 300,– € eingenommen.
    a) Eine Verkäuferin hat 350,– € eingenommen.
    b) Ein weiter Verkäufer hat 96 Lose verkauft. Wie viel hat er eingenommen?

Ergebnisse (ohne Einheiten): 2 u. 15; 6; 6; 11; 16; 26; 36; 45; 52; 70; 80; 81; 135; 140; 194,4; 240; 280; 414; 750; 903; 2300; 4120; 4750.

18. 80 cm³ Kupfer wiegen 712 g. Wie schwer sind 150 cm³?

19. Ahmet möchte sich ein Regal für CDs bauen. Er braucht 6 Platten von jeweils 0,04 m². Sein Freund hat für 0,36 m² 4,32 € gezahlt. Wie teuer werden seine Platten?

20. Silvia und Elin machen eine Radtour, die aus 4 Teilstrecken von 44 km, 38 km, 52 km und 30 km besteht. Für die erste Strecke haben sie 3 Stunden und 40 Minuten gebraucht. Wie viel Zeit müssen sie für die anderen Strecken einplanen?

21. Herr Schrage möchte Pflastersteine verlegen. Er kann zwischen Kantenlängen von 8 cm, 12 cm und 14 cm wählen. Wenn er Steine mit 8 cm Kantenlänge nimmt, passen 168 Steine in eine Reihe. Wie viele Steine werden bei den anderen Kantenlängen benötigt?

22. 4,5 l Benzin haben ein Gewicht von 3,15 kg. Wie schwer ist eine Tankfüllung von 72 l (49,5 l)?

23. 4,5 m³ Sand wiegen 7,2 t. Familie Gerd hat 11 m³ erhalten. Wie schwer ist die Ladung?

24. Sabine hat in einem Regal 15 CD-Hüllen für jeweils 3 CDs stehen. Eine Hülle ist 2,4 cm breit. Wie viele CDs kann Sabine mehr unterbringen, wenn sie ihre CDs in Einzelhüllen unterbringt, die 0,5 cm breit sind?

25. Frau Celik sprengt ihren Rasen und hat festgestellt, dass sie in 45 Minuten 900 l Wasser verbraucht hat. Im Laufe einer Woche lief der Sprenger 75 Minuten, 40 Minuten, 50 Minuten, 80 Minuten und 70 Minuten. Welche Kosten entstehen, wenn 1000 l Wasser 3,50 € kosten?

26. Wenn in einer Mathematikarbeit 2,5 Minuten pro Aufgabe veranschlagt werden, können 36 Aufgaben gestellt werden.
a) Wie viele Aufgaben können gestellt werden, wenn 3 Minuten je Aufgabe eingeplant werden?
b) Wie viel Minuten werden je Aufgabe geplant, wenn nur 15 Aufgaben gestellt werden?

27. 5 Schneepflüge räumen eine 24 km lange Strecke in 102 Minuten.
a) Wie lange brauchen 3 Schneepflüge für diese Strecke?
b) Wie lange brauchen 5 Schneepflüge für 40 km?

28. Eine Familie kann mit dem Urlaubsgeld 15 Tage Urlaub machen, wenn sie täglich 132,– € ausgibt. Sie findet ein günstigeres Quartier und gibt täglich 99,– € aus. Wie viele Tage kann sie jetzt bleiben?

29. Familie Boschko hat bereits 14 Tage Urlaub hinter sich und muss für das Quartier 1190,– € bezahlen. Aufgrund des schönen Wetters möchte sie 4 Tage länger bleiben. Welche Gesamtkosten hat sie jetzt?

30. Ein Lkw fährt eine Strecke mit einer Durchschnittsgeschwindigkeit von 85 $\frac{km}{h}$ in 4,8 Stunden.
a) Wie lange braucht ein Pkw für diese Strecke, der durchschnittlich 120 $\frac{km}{h}$ fährt?
b) Wie schnell ist Maria mit ihrem Motorroller gefahren, wenn sie nach 5,1 Stunden ankommt?

31. 12 Bagger heben einen Graben in 75 Arbeitsstunden aus. Von Beginn an können 3 Bagger mehr eingesetzt werden. Wie viel Stunden dauert die Arbeit jetzt?

32. 7 Gärtner wollen einen Park in 15 Stunden bearbeitet haben. Zu Beginn der Arbeit melden sich 2 Gärtner krank. Wie viel Stunden dauert die Arbeit jetzt?

33. Der 7. Jahrgang hat für 68 Eintrittskarten 850,– € gezahlt. In der 8a sind 23 Kinder, in der 8b 24, in der 8c 22 und in der 8d 25. Wie viel muss der 8. Jahrgang für die Eintrittskarten bezahlen?

34. Zum Entleeren eines Wasserbeckens sind 6 gleich große Abflüsse montiert. Wenn 4 Abflüsse geöffnet werden, wird das Becken in 18 Stunden geleert.
a) In wie viel Stunden wird das Becken von 3 (5) Abflüssen geleert?
b) In Zukunft soll das Becken in 8 Stunden geleert werden. Wie viele Abflüsse werden zusätzlich benötigt?

Ergebnisse (ohne Einheiten): 2,88; 3; 3,4; 6; 14,4; 17,6; 20; 21; 22,05; 24; 27; 30; 34,65; 50,4; 60; 80; 96; 112; 150; 170; 170; 190; 260; 1 175; 1 335; 1 530; 6 300.

In der Prozentrechnung kommen die Größen **Grundwert (G), Prozent-satz (p %)** und **Prozentwert (P)** vor. Der Grundwert entspricht immer 100 %.

Prozentwertberechnung

Beispiel: Herr Stark kauft sich einen Geländewagen für 24 500,– €. Er han-delt einen Rabatt von 14 % aus. Berechne den Preisnachlass in Euro.

Dreisatz	Tabelle		Formel

Dreisatz

14 % $\triangleq$ x €

100 % $\triangleq$ 24 500,– €

1 % $\triangleq$ $\frac{24\,500}{100}$ €

14 % $\triangleq$ $\frac{24\,500 \cdot 14}{100}$ €

x = $\frac{24\,500 \cdot 14}{100}$ = 3 430

Tabelle

Prozent	Euro
100 %	24 500,– €
1 %	245,– €
14 %	3 430,– €

:100 ( ) :100   · 14 ( ) · 14

Formel

$$P = \frac{G \cdot p}{100}$$

$$P = \frac{24\,500 \cdot 14}{100}$$

$$P = 3\,430$$

Die Höhe des Rabattes beträgt 3 430,– €.

1. Familie Sommer kauft sich ein Wohnmobil für 35 800,– €. Der Händler gewährt einen Preisnachlass von 15 %. Wie viel € spart Familie Sommer?

2. Eine Lexikonreihe kostet 998,– €. Zur Ein-führung wird sie mit einem Preisnachlass von 30 % angeboten. Wie viel € kann man bei dem Einführungsangebot sparen?

3. Jens hat zum Geburtstag von seinen Freun-den insgesamt 95,– € geschenkt bekom-men. 25 % des Geldes gibt er für eine Taschenlampe aus. Wie teuer ist die Lampe?

4. Ein Reisebus hat bis zur Mittagspause 45 % der Gesamtstrecke zurückgelegt. Wie viele km ist er gefahren, wenn die Gesamtstrecke 820 km beträgt?

5. Herr Blümel möchte seinen 450 m² großen Garten neu gestalten. Auf 32 % der Fläche möchte er Rasen einsäen. Für wie viel m² muss Herr Blümel Rasensamen kaufen?

6. Der Katalog eines Versandhauses hat 525 Seiten. Bei dem neuen Katalog steigt die Seitenzahl um 4 %. Wie viele Seiten hat der neue Katalog mehr als der alte?

7. 105 Schüler einer Gesamtschule absolvier-ten ein Praktikum. 80 % der Schüler waren von ihrer Praktikumsstelle begeistert. Wie viele Schüler waren das?

8. Auf einem Camingplatz mit 250 Stellplätzen sind noch 12 % der Stellplätze zu vermieten. Wie viele Plätze sind noch frei?

9. In einem Kino mit 680 Sitzplätzen sind 65 % der Plätze besetzt. Wie viele Kinobesucher sehen den Film?

10. Bei einer Fahrzeugkontrolle hatten von 1 024 Fahrzeugen 12,5 % der Fahrzeuge Mängel. Wie viele Fahrzeuge waren das?

11. Ein PC, dessen Preis mit 899,– € angegeben ist, wird mit einem Preisnachlass von 17 % verkauft. Wie viel € beträgt der Preisnachlass?

12. Natalija bekommt beim Kauf eines Mantels einen Rabatt von 15 %. Wie viel € spart sie, wenn der Preis des Mantels mit 149,– € angegeben ist?

13. Beim Transport von 7 480 kg Getreide gehen während der Fahrt 0,2 % verloren. Wie viel kg Getreide fehlen?

14. Wie viel Gramm Fett sind in 50 g Streichkä-se enthalten, wenn er 9 % Fett enthält?

15. Ein Neuwagenpreis von 18 700,– € wird um 1,2 % erhöht. Berechne den neuen Preis.

16. Herr Lux kauft für 784,– € und 548,– € Baustof-fe. Auf die Gesamtsumme bekommt er einen Rabatt von 7 %. Berechne den Rabatt in €.

17. Von 465 Schülern einer Schule sind 40 % der Schüler in einem Sportverein. Wie viele Schüler sind nicht in einem Sportverein?

18. Von 40 Vokabeln hatte Janette beim Voka-beltest 55 % falsch. Wie viele Vokabeln hatte sie richtig?

Ergebnisse (ohne Einheiten): 4,5; 14,96; 18; 21; 22,35; 23,75; 30; 84; 93,24; 128; 144; 152,83; 169,66; 279; 299,40; 369; 442; 5 370; 18924,40.

Bei einigen Ergebnissen musst du sinnvoll runden, z. B. € auf zwei Stellen hinter dem Komma.

19. Bei der Produktion von 2 500 Blechwinkeln waren 3,2 % fehlerhaft. Wie viele Winkel wurden aussortiert?

20. Durch eine falsche Motoreinstellung erhöhte sich der Kraftstoffverbrauch eines Benzinmotors um 4,5 %. Bis der Fehler bemerkt wurde, hatte der Motor 10,8 Liter Benzin mehr verbraucht. Wie viel Liter Benzin wären ohne Fehler verbraucht worden?

21. Eine Regenwassertonne kann 600 Liter Wasser aufnehmen. 24 % des Rauminhaltes sind noch nicht mit Wasser gefüllt. Wie viel Liter Wasser passen noch in die Tonne?

22. Das Gewicht eines Pakets beträgt 14,5 kg. Nur 6 % des Gewichtes entfällt auf die Verpackung. Welches Gewicht hat die Verpackung?

23. Frau Ackermann kauft sich in einem Warenhaus für 149,90 € eine neue Jacke. Auf ihre Kundenkarte bekommt sie einen Rabatt von 3 %. Wie viel € beträgt der Rabatt?

24. Berechne jeweils den Preisnachlass.

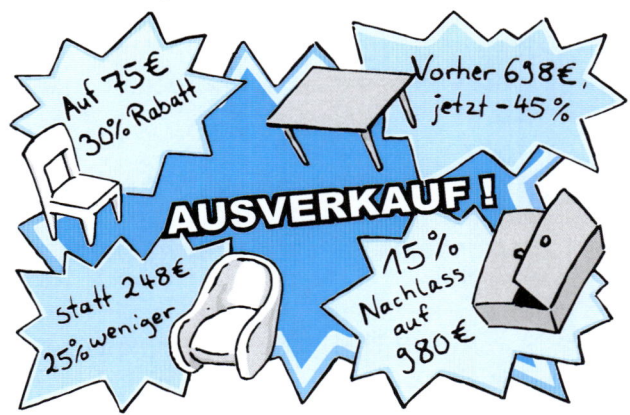

25. In einer Firma mit insgesamt 1 120 Mitarbeitern sind 37,5 % weiblich. Wie viele Mitarbeiterinnen hat die Firma?

26. Bei den Bundesjugendspielen erhielten von 456 Schülern 12,5 % eine Ehrenurkunde und 41 % eine Siegerurkunde. Bestimme die zugehörigen Schülerzahlen.

27. Hans erreicht bei einem Wettkampf 76 % von insgesamt 1 250 Punkten. Wie viele Punkte erreichte er?

28. Im Fernsehen werden Spielfilme häufig durch Werbung unterbrochen. Wie lange dauert bei den 5 Spielfilmen die Werbung? Runde die Minutenangaben ganzzahlig.

	Gesamtspielzeit des Spielfilms	Anteil der Werbung in %	Anteil der Werbung in min
1	95 min	19,0 %	
2	115 min	17,4 %	
3	120 min	16,7 %	
4	130 min	18,5 %	
5	160 min	20,0 %	

29. Familie Gömann bucht eine Urlaubsreise für 1875,– €. Das Reisebüro verlangt eine Anzahlung von 30 %. Wie viel € muss Familie Gömann anzahlen?

30. Eine Firma mit 1 880 Mitarbeitern stellt zusätzlich 2,5 % neue Mitarbeiter ein. Wie viele Mitarbeiter kommen hinzu?

31. Die Eintrittskarte für ein Spaßbad kostet 3,50 €. Der Preis wird um 8,5 % erhöht. Wie teuer ist die Karte dann?

32. Eine 680 m² große Fläche wird zu 65 % mit Pflastersteinen versehen. Berechne die Größe der Fläche, die frei bleibt.

33. Herr Fröhlich bekommt auf sein Gehalt in Höhe von 2 180,50 € eine Gehaltserhöhung von 4 %. Berechne die Erhöhung und das neue Gehalt?

34. Auf einen Preis von 343,75 € werden noch 16 % Mehrwertsteuer dazu gerechnet. Berechne den Betrag der Mehrwertsteuer und den neuen Preis.

35. Sebastian möchte sich einen Motorroller kaufen. Den Preis von 2 995,– € hat er bereits zu 54 % angespart. Wie viel € fehlen ihm noch?

36. Ein Landwirt hat 780 Schweine, von denen er 45 % verkauft. Wie viele Tiere hat er anschließend noch im Stall?

37. Eine Maschine bearbeitet täglich 5 800 Blechteile. Die Produktion wird um 28 % gesteigert. Wie viele Teile werden jetzt an einem Tag bearbeitet?

Ergebnisse (ohne Einheiten): 0,87; 3,80; 4,50; 18; 20; 20; 22,50; 24; 32; 47; 55; 57; 62; 80; 87,22; 99,60; 144; 147; 187; 238; 240; 314,10; 398,75; 420; 429; 562,50; 950; 1 377,70; 2 267,72; 7 424.

Grundwertberechnung

Beispiel: Kerstin hat 135,– € für den Kauf eines Fahrrades angezahlt.
Das sind 27 % des gesamten Preises. Wie teuer ist das Fahrrad?

Dreisatz	**Tabelle**		**Formel**

Dreisatz

$$100\ \% \triangleq x\ €$$

$$27\ \% \triangleq 135,–\ €$$

$$1\ \% \triangleq \frac{135}{27}\ €$$

$$100\ \% \triangleq \frac{135 \cdot 100}{27}\ €$$

$$x = \frac{135 \cdot 100}{27} = 500$$

Tabelle

Prozent	Euro
27 %	135,– €
1 %	5,– €
100 %	500,– €

: 27 → · 100

Das Fahrrad kostet 500,– €.

Formel

$$G = \frac{P \cdot 100}{p}$$

$$G = \frac{135 \cdot 100}{27}$$

$$G = 500$$

1. Familie Klug bucht eine Reise nach Afrika. Sie zahlt 891,– € an. Das sind 22 % der Gesamtkosten. Wie teuer ist die gebuchte Reise?

2. In einem Garten sind 35 % der Fläche mit Bäumen bepflanzt. Welche Gesamtfläche hat der Garten, wenn die Bepflanzung mit Bäumen 434 m² beträgt?

3. In einem Freibad sind 28 % aller Besucher in den Schwimmbecken. Das sind 210 Personen. Wie viele Gäste sind insgesamt im Freibad?

4. In einer Schule sind 36 % aller Schüler Mädchen. Das sind 162 Schülerinnen. Wie viele Kinder besuchen die Schule insgesamt?

5. Anne kauft sich ein Paar Turnschuhe, die als Auslaufmodell 12 % billiger angeboten werden. Dadurch spart sie 11,10 €. Wie viel € kosten die Schuhe ohne Nachlass?

6. Der Lieferwagen einer Tischlerei wird für 18 672,– € verkauft. Das sind 48 % des damaligen Anschaffungspreises. Wie viel € hat das Fahrzeug damals gekostet?

7. Fred bringt einen Lottogewinn für ein Jahr zur Bank. Nach einem Jahr hat er 115,– € mehr auf seinem Konto. Das sind 2,3 % seines Gewinns. Wie hoch war der Gewinn?

8. Katharina schenkt ihrem Bruder Igor zum Geburtstag 7,50 €. Das sind 15 % ihres monatlichen Taschengeldes. Wie viel € Taschengeld bekommt Katharina?

9. Alke hat für einen Computer 627,– € angespart, das sind 60 % des Kaufpreises. Wie teuer ist der Computer?

10. Peter erreicht in einer Mathematikarbeit 68 % aller Punkte. Wie viele Punkte gab es insgesamt in der Arbeit, wenn er 85 Punkte hat?

11. Auf einer Rechnung sind 16 % Mehrwertsteuer mit 136,– € ausgewiesen. Wie hoch ist der gesamte Rechnungsbetrag?

12. Bei der Holzbearbeitung erhält Ali 1,7 kg Sägespäne. Das sind 0,4 % des Gewichtes aller verarbeiteten Holzbretter. Wie schwer war das Holz zuvor?

13. Von der Sonderserie eines Kleinwagens sind 109 500 Fahrzeuge verkauft. Das sind 73 % der Serie. Wie viele Fahrzeuge umfasst die Serie?

14. Sarah hat 392 Seiten eines Romans gelesen. Das sind 56 % aller Seiten. Wie viele Seiten hat sie noch nicht gelesen?

15. Wie viel € verdient Herr Ekkert, wenn er durch eine Lohnerhöhung von 6,2 % 145,39 € mehr bekommt?

16. Beim Kauf eines Handys spart Ina 2,67 €, weil sie 3 % Rabatt bekommt. Wie teuer ist das Handy mit und ohne Rabatt?

17. Eine Straße wird um 1,45 m verbreitert. Die Verbreiterung macht 25 % der ursprünglichen Breite aus. Wie breit wird die neue Straße?

Ergebnisse (ohne Einheiten): 7,25; 50; 86,33; 89; 92,50; 125; 308; 425; 450; 750; 850; 1 045; 1 240; 2 490,39; 4 050; 5 000; 38 900; 150 000.

18. Für den Hausbau hat Familie Kropinski 42 000,– € gespart. Das sind 35 % der Gesamtkosten. Wie teuer ist das Haus?

19. In einer Tanzschule haben sich 52 % eines Grundkurses für einen Kurs mit Modetänzen angemeldet. Das sind 65 Teilnehmer. Wie viele Teilnehmer hat der Grundkurs?

20. Ein Buchhändler hat 76 % der eingekauften Bücher eines Bestsellers verkauft. Wie viele Bücher hatte er eingekauft, wenn er 114 Ausgaben verkauft hat?

21. Ein Geschäftsmann hat in einem Jahr einen Gewinn von 48 732,– €. Das sind 12 % seines Umsatzes. Berechne den Umsatz des Jahres.

22. Zum Kauf einer Digitalkamera fehlen Svetlana 35 % der Kaufsumme. Wie teuer ist die Kamera, wenn ihr 203,– € fehlen?

23. Bestimme die Rechnungsbeträge, auf die die Vergünstigungen gewährt werden.

Rechnungs-vermerk	Prozent-satz	in Euro
Nachlass	26 %	327,60 €
Skonto	2 %	1,69 €
Mengenrabatt	14,8 %	105,08 €
Saisonrabatt	31 %	67,27 €
Ermäßigung	7,2 %	32,04 €

24. Im Vorverkauf werden 384 Karten für eine Konzertveranstaltung abgegeben. Wie viele Karten können insgesamt für das Konzert verkauft werden, wenn für den Vorverkauf 30 % vorgesehen sind?

25. Renate ist noch 4,6 km vom Ziel ihrer Wanderung entfernt. Das sind 40 % der gesamten Strecke. Wie lang ist der Wanderweg?

26. Durch das Betätigen einer Spartaste an einer Wasserspülung können pro Spülgang 4,8 Liter Wasser eingespart werden. Wie viel Liter Wasser befinden sich im Behälter, wenn durch die Taste 40 % eingespart werden?

27. Familie Lauh gibt 35 % ihrer monatlichen Einkünfte für Miete aus. Wie hoch sind diese Einkünfte, wenn die Miete 392,– € beträgt?

28. Auf einem Grundstück entfallen 8 % der Fläche auf eine 67,6 m² große Zuwegung. Welche Fläche bleibt für den Garten, wenn das Haus 148 m² beansprucht?

29. Franziska kann beim Kauf einer Stereoanlage 49,– € sparen, weil sie einen Rabatt von 14 % bekommt. Wie viel € muss sie bezahlen?

30. Familie Roth verkauft 42 % von ihrem Grundstück. Berechne die Größe der Fläche, die ihnen verbleibt, wenn sie 777 m² verkaufen.

31. Ein Bauunternehmer bekommt eine Abschlagszahlung von 2 812,82 €, das sind 34 % der Gesamtsumme. Berechne die noch ausstehende Restsumme.

32. Ein Orkan zerstört einen Baumbestand von 61,2 ha Wald. Das sind 22,5 % der gesamten Waldfläche. Wie viel ha Wald blieben vom Orkan verschont?

33. Eine Bäckerei konnte 84 Brötchen nicht verkaufen. Das waren 17,5 % der Produktion. Wie viele Brötchen wurden verkauft?

34. Wie groß ist die Fläche, auf der der Bauernhof steht, wenn die Fläche des übrigen Besitzes 98 % ausmacht?

35. Herr Pöle muss 16,8 % der Kosten seines Unfallschadens selber tragen. Sein Anteil beträgt 416,64 €. Wie teuer ist der gesamte Schaden? Wie viel € beträgt der Anteil der Versicherung?

Ergebnisse (ohne Einheiten): 1,9; 11,5; 12; 84,50; 125; 150; 210,8; 217; 301; 396; 445; 580; 629,4; 710; 1 073; 1 120; 1 260; 1 280; 2 063,36; 2 480; 5 460,18; 120 000; 406 100.

Prozentsatzberechnung

Beispiel: Von 24 Schülern sind 18 Schüler Jungen. Bestimme den Prozentsatz.

Dreisatz	Tabelle	Formel

Dreisatz

18 Schüler $\triangleq$ x %

24 Schüler $\triangleq$ 100 %

1 Schüler $\triangleq \dfrac{100}{24}$ %

18 Schüler $\triangleq \dfrac{100 \cdot 18}{24}$ %

$x = \dfrac{100 \cdot 18}{24} = 75$

Tabelle

Schüler	Prozent
24	100 %
1	$\dfrac{100}{24}$ %
18	$\dfrac{100 \cdot 18}{24}$ %
18	75 %

: 24   · 18

Formel

$p = \dfrac{P \cdot 100}{p}$

$p = \dfrac{18 \cdot 100}{24}$

$p = 75$

75 % der Schüler sind Jungen.

1. Von 320 Schülern eines Internats fahren 176 Schüler am Wochenende nach Hause. Wie viel Prozent sind das?

2. Auf der Terrasse eines Restaurants sind von 125 Plätzen nur noch 10 Plätze frei. Bestimme den Prozentsatz.

3. Bei einer Firma mit 625 Angestellten melden sich am Morgen 25 Angestellte krank. Berechne wie viel Prozent krank sind.

4. Bei einer Lieferung von 480 Tontöpfen sind 24 Töpfe beschädigt. Bestimme den Prozentsatz.

5. Auf einen Rechnungsbetrag von 240,– € bekommt Herr Schnuckel einen Preisnachlass von 16,80 €. Gib den Prozentsatz an.

6. Bei einer Fahrradkontrolle hatten von insgesamt 525 Fahrrädern 147 Räder Mängel. Wie viel Prozent der Fahrräder waren das?

7. Zu einer Automobilausstellung reisten von 25 800 Besuchern 16 512 Personen mit einem eigenen Pkw an. Berechne den Prozentsatz.

8. Bei einem Sommerfest konnten von 390 Bratwürsten 78 Bratwürste nicht verkauft werden. Wie viel Prozent konnten nicht verkauft werden?

9. Nach einer Theatervorstellung waren von 720 Besuchern 612 Besucher von der Aufführung beeindruckt. Wie viel Prozent der Theaterbesucher waren das?

10. Wie viel Prozent spart Herr Rödel, wenn er bei einem Kaufpreis von 450,– € einen Rabatt von 63,– € heraushandelt?

11. Von 1 300 produzierten Autos werden an einem Tag 884 auf Autotransporter verladen. Wie viel Prozent aller Fahrzeuge sind das?

12. Frau Magerhans erntet 120 kg Erdbeeren. Berechne in Prozent: den Eigenbedarf, den Verkauf und die Marmeladenherstellung.

13. Bei einem Handyguthaben von 25,– € hat Sabrina 15,– € verbraucht. Wie viel Prozent beträgt ihr Restguthaben?

14. Fabian muss für die Reparatur seines Motorrollers 80,– € bezahlen. Wie viel Prozent Nachlass bekommt Fabian, wenn er bei Barzahlung nur 78,40 € bezahlen muss?

15. Von 265 bestellten Eintrittskarten sind 106 Karten abgeholt. Wie viel Prozent der Karten sind noch nicht abgeholt?

16. Bei einer Klassensprecherwahl waren von 25 Stimmen 3 Stimmen ungültig. Wie viel Prozent der abgegebenen Stimmen waren gültig?

Ergebnisse in %: 2; 4; 5; 7; 8; 10; 14; 20; 28; 40; 40; 50; 55; 60; 64; 68; 85; 88.

Bei einigen Ergebnissen musst du sinnvoll runden.
Runde auf eine Stelle hinter dem Komma.

17. Bei einer Probe zum Musical „Hair" waren von 1 400 Gästen 1 000 Gäste auf Einladung von Radio Bremen gekommen. Wie viel Prozent der Zuhörer waren eingeladen?

18. Anna kauft für 28,50 € Hundefutter. Sie bekommt als gute Kundin einen Rabatt von 3,42 €. Gib den Rabatt in Prozent an.

19. Berechne den Anteil der Jungen und Mädchen in Prozent. Runde auf einen ganzzahligen Prozentsatz.

Klassen	Mädchen	Jungen
5: 78 Schüler	35	43
6: 94 Schüler	49	45
7: 88 Schüler	47	41
8: 84 Schüler	37	47
9: 92 Schüler	44	48
10: 99 Schüler	50	49

20. Bei der Herstellung eines 2 600 mm langen Bauteils darf die Länge höchsten um 10 mm abweichen. Gib die Abweichung in Prozent an.

21. Frau Huber bezahlt auf einen Rechnungsbetrag von 50,29 € noch 3,52 € Mehrwertsteuer. Welchen Prozentsatz hat diese Mehrwertsteuer?

22. Herr Pinsel soll eine Fläche von 17,5 m² streichen. Da die Fläche ein Fenster und eine Tür enthält, sind 4,2 m² weniger zu bearbeiten. Um wie viel Prozent verringert sich die Fläche, die zu streichen ist?

23. Durch einen kalten Winter erhöhte sich der Jahresverbrauch einer Heizungsanlage um 402 m³ Gas. Wie viel Prozent verbrauchte die Anlage mehr, wenn der Verbrauch im Vorjahr bei 5 025 m³ Gas lag?

24. Der Preis einer Bahnfahrkarte wird um 3,– € erhöht. Berechne die Erhöhung in Prozent, wenn die Karte vor der Erhöhung 46,– € kostete.

25. Familie Troll bezahlt für die Wohnungsmiete 490,– €. Durch eine Mieterhöhung sind 24,50 € mehr zu zahlen. Bestimme die Mieterhöhung in Prozent.

26. Ein Pkw hat ein Leergewicht von 1,38 t. Durch 4 Personen und deren Gepäck erhöht sich das Gewicht um 224 kg. Berechne den prozentualen Anteil der Gewichtserhöhung.

27. Der Benzinverbrauch eines Dieselfahrzeugs ist mit 6,5 Liter pro 100 km angegeben. Herr Bleifuß verbraucht jedoch 7,2 Liter pro 100 km. Berechne den Mehrverbrauch in Prozent.

28. Herr Goldmann verkauft ein Aktienpaket für 10 500,– €. Er hatte diese Aktien für 9 900,– € eingekauft. Berechne den Zugewinn in Prozent.

29. Familie Winter legte bei ihrer Urlaubsfahrt 920 km auf Autobahnen und 480 km auf Landstraßen zurück. Wie viel Prozent der gesamten Strecke legte die Familie auf der Landstraße zurück?

30. Der Stundenlohn eines Arbeiters wird von 13,– € auf 14,17 € erhöht. Berechne die Lohnerhöhung in Prozent.

31. Berechne die Prozentsätze für die einzelnen Baumarten.

32. Ein CD-Rohling hat eine Speicherkapazität von 650 MB. Wie viel Prozent beträgt der Speicherzuwachs bei einer CD mit 680 MB?

33. Eine Fähre kann 750 Personen befördern. Während einer Überfahrt ist sie mit 658 Personen besetzt. Berechne den Anteil der nicht genutzten Plätze in Prozent.

Ergebnisse in %: 0,4; 2; 4,6; 5; 5,7; 6,5; 7; 8; 9; 10,8; 12; 12,3; 15; 16,2; 23,8; 24; 27,3; 32; 34,3; 44; 45; 47; 48; 48; 49; 51; 52; 52; 53; 55; 56; 71,4.

Bei einigen Ergebnissen musst du sinnvoll runden.
- Prozentsätze runde auf eine Stelle hinter dem Komma.
- Geldbeträge in Euro runde auf zwei Stellen hinter dem Komma.

1. In einer Klasse mit 25 Schülern haben 64 % der Schüler ein Handy. Wie viele Schüler sind das?

2. Von 365 Tagen des Jahres sind 248 Arbeitstage. Gib den Anteil der Arbeitstage in Prozent an.

3. In einem Haushalt stieg der Wasserverbrauch in einem Monat um 7 %. Das entspricht 987 Litern. Berechne den alten und den neuen Wasserverbrauch.

4. Frau Rohde nimmt während ihrer Diätkur 5,1 kg ab. Das sind 6 % ihres ursprünglichen Gewichts. Wie viel wog sie vor der Kur?

5. Bei einer Verkehrszählung wurde das Fahrzeugaufkommen ermittelt. Gib die Verteilung in Prozent an.

6. Ein Rechnungsbetrag verringert sich um 23,72 €, weil 4 % Rabatt gewährt werden. Auf welchen Rechnungsbetrag wird der Rabatt gegeben?

7. Herr Froh fährt durchschnittlich 33 Minuten zu seinem Arbeitsplatz. Durch den Bau einer Umgehungsstraße verkürzt sich seine Fahrzeit um 9 Minuten. Berechne die Fahrzeitverkürzung in Prozent.

8. Merle konnte bei einem Waldlauf ihre Bestzeit um 8 % unterbieten. Wie viele Minuten war sie schneller, wenn ihre Bestzeit 55 Minuten betrug?

9. Bei einer Großveranstaltung wurden 18 % der vorhandenen Parkplätze nicht in Anspruch genommen. Wie viele Parkplätze standen zur Verfügung, wenn 3 240 frei blieben?

10. Eine Tafel Nussschokolade wiegt 200 g. Der Bestandteil an Nüssen ist mit 24,5 % angegeben. Wie viel Gramm Nüsse enthält die Tafel?

11. Bei einer Klassenarbeit können 88 Punkte erreicht werden. Berechne die Punktzahlen, bei denen die Noten 1 bis 5 zuerst erreicht werden. Runde ganzzahlig. Welche Punktzahl ergibt noch die Note 6?

Note	1 ab 95%	2 ab 85%	3 ab 65%	4 ab 50%	5 ab 30%	6
Punkte						

12. Der Preis einer Monatskarte für den Stadtbus erhöht sich von 27,– € auf 29,50 €. Berechne die Preiserhöhung in Prozent.

13. Günter spart beim Kauf eines Skateboards 9,60 €, weil er einen Rabatt von 15 % bekommt. Wie viel € hat es ursprünglich gekostet? Wie viel € bezahlt er?

14. Belinda verbessert beim Weitsprung ihre Sprungweite um 0,87 m. Das sind 14,5 %. Wie weit ist sie jetzt gesprungen?

15. Um wie viel Prozent wird der Preis eines Fernsehers gesenkt, wenn er von 562,– € auf 498,– € gesenkt wird?

16. Eine Fischdose hat einen Inhalt von 200 g. Die Fischeinwaage beträgt 60 %. Welcher Gewichtsanteil entfällt nicht auf den Fisch?

17. Ein Anzug wird mit einem Aufschlag von 30 % verkauft. Zu welchem Preis wird der Anzug angeboten, wenn er für 330,– € eingekauft wurde?

18. Ein vollgefülltes Schwimmbecken enthält 15 600 Liter Wasser. 5 460 Liter werden abgelassen. Wie viel Prozent des Wassers sind jetzt noch im Becken?

Ergebnisse (ohne Einheiten): 4,4; 6,87; 7,6; 9,3; 11,4; 16; 17,7; 25; 26; 27,3; 29,5; 44; 45,1; 49; 54,40; 57; 64; 65; 67,9; 75; 80; 84; 85; 429; 593; 14 100; 15 087; 18 000.

19. Bei einem Fußballspiel werden nach 90 Minuten 4,5 % der gesamten Spielzeit nachgespielt. Wie viele Minuten dauert das Spiel länger? Runde sinnvoll.

20. An einem heißen Sommertag wurde eine Temperatur von 32° C gemessen. Nach einem Gewitter fiel die Temperatur um 10° C. Gib die Temperaturänderung in Prozent an.

21. Durch eine gute Geldanlage konnte Frau Klug ihre Ersparnisse in einem Jahr um 8,7 % erhöhen. Welchen Betrag hat sie dazu bekommen, wenn ihre Ersparnisse zu Beginn 4 500,– € betrugen?

22. Beim Kaufvertrag für ein Haus sind 5 % der Kaufsumme an den Immobilienmakler zu bezahlen. Welchen Preis hat das Haus, wenn der Makler 4625,– € bekommt?

23. Berechne die Zeiteinteilung eines Schülers in Stunden. Runde ganzzahlig.

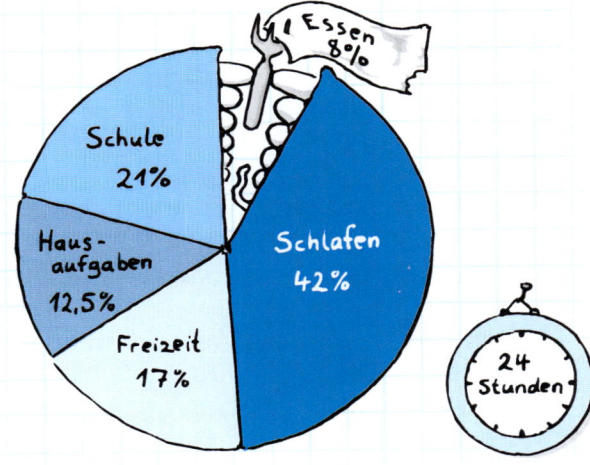

24. Familie Viet kauft für 83,60 € im Supermarkt ein. 65 % des Einkaufs entfallen auf Lebensmittel. Welchen Betrag gibt die Familie dafür aus?

25. Der monatlich Vereinsbeitrag wird um 0,50 € erhöht. Das sind 11,1 %. Welcher Beitrag war vor der Erhöhung zu zahlen?

26. Beim Menschen beträgt die Blutmenge ungefähr 7,7 % seines Gewichts. Wie viel kg Blut hat ein 70 kg schwerer Körper?

27. Blut besteht zu 55 % aus Blutplasma, zu 44 % aus roten Blutzellen und zu 1 % aus weißen Blutzellen. Berechne die Anteile für 5 Liter Blut.

28. Deutschland hat eine Fläche von 357 000 km². Gib die Teilflächen in Prozent an.

29. Bei den Wahlen zum Schulsprecher wurden 346 Stimmen abgegeben. 21 Stimmen waren ungültig. Wie viele Stimmen bekam der gewählte Schulsprecher, wenn 72 % aller gültigen Stimmen auf ihn entfielen?

30. Das Gebiss eines Kindes hat zunächst nur 20 Zähne. Erwachsene haben 32 Zähne. Berechne den Zuwachs an Zähnen in Prozent.

31. Die Schmelztemperatur von Gold ist 10,7 % höher, als die von Silber. Welche Schmelztemperatur hat Gold, wenn Silber bei 960° C schmilzt? Runde ganzzahlig.

32. Von 510 Millionen km² Erdoberfläche sind 361 Millionen km² Wasserfläche. Wie viel Prozent der Erde ist mit Land bedeckt?

33. Herr Maler hat ein Bruttoeinkommen von 2385,– €. Die Höhe der Abzüge für Lohnsteuer und Sozialversicherungen beträgt 32 %. Welcher Betrag steht ihm nach den Abzügen zur Verfügung?

34. Welchen Betrag muss man bezahlen, wenn auf einen Rechnungsbetrag von 537,50 € 2 % Skonto gegeben werden?

35. In Westeuropa gibt es 32 % und in den USA 35 % Pkws. Auf den Rest der Erde entfallen 141,9 Millionen Fahrzeuge. Wie viele Fahrzeuge gibt es in Westeuropa und in den USA? Gib in Millionen an.

Ergebnisse (ohne Einheiten): 0,05; 2; 2,2; 2,75; 3; 3; 4; 4; 4,50; 5; 5,39; 10; 12; 29,2; 30; 31,3; 54,34; 55; 60; 137,6; 150,5; 234; 391,50; 526,75; 1063; 1621,80; 92 500.

Zinsrechnen ist Prozentrechnen! Es gibt jedoch eigene Begriffe:

Grundwert	Prozentsatz	Prozentwert
Kapital, Guthaben, Darlehen **(K)**	**Zinssatz (p %)**	**Zinsen** für 1 Jahr **(Z)**

Der Zinssatz bezieht sich immer auf 1 Jahr.

Berechnung der Jahreszinsen (Zinsen für 1 Jahr)

Beispiel: Ein Kapital von 4500,– € wird mit einem Zinssatz von 3 % verzinst.
Berechne die Jahreszinsen.

Dreisatz

$$3\ \% \triangleq x \qquad €$$
$$\overline{100\ \% \triangleq 4\,500{,}-\ €}$$
$$1\ \% \triangleq \frac{4\,500}{100}\ €$$
$$3\ \% \triangleq \frac{4\,500 \cdot 3}{100}\ €$$

$$x = \frac{4\,500 \cdot 3}{100} = 135$$

Tabelle

Prozent	Euro
100 %	4 500,– €
1 %	45,– €
3 %	135,– €

$: 100$ $\cdot\ 3$

Die Jahreszinsen betragen 135,– €.

Formel

$$Z = \frac{K \cdot p}{100}$$
$$Z = \frac{4\,500 \cdot 3}{100}$$
$$Z = 135$$

---

1. Ein Kapital von 1450,– € wird mit einem Zinssatz von 2 % verzinst. Berechne die Jahreszinsen.

2. Wie viel € Zinsen bringen 12 380,– € in einem Jahr, wenn der Zinssatz 5 % beträgt?

3. Herr Kaiser bringt einen Betrag von 4 230,50 € auf sein Sparbuch. Mit welchem Zinsbetrag kann er nach einem Jahr rechnen, wenn er einen Zinssatz von 4 % hat?

4. Tanja hat 104,– € auf ihrem Sparbuch. Berechne die Jahreszinsen für einen Zinssatz von 2,5 %.

5. Frau Hopf zahlt 450,– € bei ihrer Bank ein. Der Zinssatz beträgt 3,5 %. Über welchen Zinsbetrag kann sie nach einem Jahr verfügen?

6. Berechne die Jahreszinsen für ein Guthaben von 3 940,– € mit einem Zinssatz von 3,75 %.

7. Lena spart 175,– €. Auf ihrem Sparkonto bekommt sie 3,2 % Zinsen. Um welchen Betrag hat sich ihr Guthaben nach einem Jahr vermehrt?

8. Ein Kredit in Höhe von 12 500,– € wird mit einem Zinssatz von 8,6 % angeboten. Berechne die Jahreszinsen.

9. Familie Boll nimmt für die Finanzierung ihres Hauses ein Darlehen von 80 000,– € auf. Welchen Betrag muss sie in einem Jahr für die Zinsen aufbringen, wenn der Zinssatz 6,8 % beträgt?

10. Auf einem Sparbuch mit einem Zinssatz von 2,3 % befinden sich 654,30 €. Welcher Zinsbetrag wird nach einem Jahr gutgeschrieben?

11. Petra kann durch die Wahl der Kündigungsfrist den Zinssatz für ihre Spareinlagen festlegen. Berechne alle Jahreszinsen für eine Spareinlage von 580,– €.

Kündigungsfrist	Zinssatz
gesetzliche Kündigung	2,0 %
12 monatige Kündigung	2,5 %
30 monatige Kündigung	3,2 %
48 monatige Kündigung	4,5 %

12. Romina leiht ihrer Freundin Tina 98,– €. Tina zahlt ihre Schulden nach einem Jahr mit 3 % Zinsen zurück. Welchen Betrag bekommt Romina?

13. Ergün bringt 415,– € auf sein Sparbuch. Dort hat er bereits 980,– € angespart. Der Zinssatz beträgt 2,2 %. Über welchen Betrag kann er nach einem Jahr verfügen?

Ergebnisse in €: 2,60; 5,60; 11,60; 14,50; 15,05; 15,75; 18,56; 26,10; 29; 100,94; 147,75; 169,22; 619; 1 075; 1 425,69; 5 440.

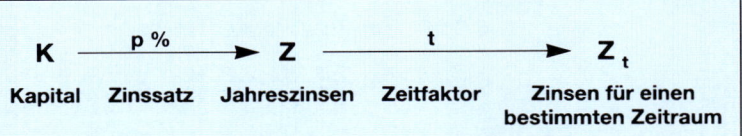

$$K \xrightarrow{\quad p\,\% \quad} Z \xrightarrow{\quad t \quad} Z_t$$

| Kapital | Zinssatz | Jahreszinsen | Zeitfaktor | Zinsen für einen bestimmten Zeitraum |

In der Zinsrechnung gilt: 1 Jahr = **360** Tage; 1 Monat = **30** Tage

Der **Zeitfaktor t** kann folgende Formen haben:

x für **x Jahre** – gilt nur bei jährlicher Zinsauszahlung!

$\frac{x}{12}$ für **x Monate** und $\frac{x}{360}$ für **x Tage**

Zur Berechnung von Z_t: **Immer erst die Jahreszinsen Z berechnen!**

Beispiel: Wie viel € Zinsen bekommt man für 360,– € in 7 Monaten, wenn der Zinssatz 3 % beträgt.

Du berechnest zunächst die Jahreszinsen: Z = 10,80 € (siehe Seite 16)

Berechnung mit dem Zeitfaktor t

$Z_t = Z \cdot t$

$Z_t = 10{,}80 \cdot \frac{7}{12}$

$Z_t = 6{,}30$

Formel

$$Z_t = \frac{K \cdot p \cdot t}{100}$$

$$Z_t = \frac{360 \cdot 3 \cdot 7}{100 \cdot 12}$$

$$Z_t = 6{,}30$$

Die Zinsen für 7 Monate betragen 6,30 €.

Hinweis: Du kannst auch mit dem Dreisatz oder mit der Tabelle rechnen.

1. Ein Sparbuch mit einem Guthaben von 834,– € hat einen Zinssatz von 2 %. Berechne die Jahreszinsen und die Zinsen für 2 Monate.

2. Wie viel € Zinsen bringt ein Kapital von 3 200,– € bei einem Zinssatz von 2,5 % in 9 Monaten?

3. Bei einer Bank werden 6 000,– € zu einem Zinssatz von 3,4 % angelegt. Berechne die Zinsen für 5 Monate.

4. Nele hat ein Sparbuch mit einem Zinssatz von 3,2 % und ein Guthaben von 245,– €. Berechne die Zinsen für 8 Monate.

5. Ein Guthaben von 3 316,– € verzinst sich mit 4 %. Welcher Zinsbetrag kommt nach 6 Monaten hinzu?

6. Frau Köhler hat 4 380,– € auf ihrem Sparbuch. Der Zinssatz beträgt 3,8 %. Welchen Zinsbetrag hat sie bei jährlicher Zinsauszahlung nach 3 Jahren?

7. Herr Kater leiht sich 9 250,– €. Sein Zinssatz beträgt 12 %. Welchen Zinsbetrag muss er in einem Monat aufbringen?

8. Welcher Zinsbetrag wird für einen Kredit von 600,– € mit einem Zinssatz von 8,2 % in 4 Monaten fällig?

9. Am Weltspartag bringt Ingo seine Ersparnisse in Höhe von 78,– € zur Sparkasse. Auf seinem Sparbuch verbleibt das Geld für 1 Jahr mit einem Zinssatz von 3 %. Berechne seine Zinseinnahme.

10. Ein Darlehen von 1 200,– € mit einem Zinssatz von 7,6 % wird nach 7 Monaten zurückbezahlt. Welcher Betrag muss mit den angefallenen Zinsen aufgebracht werden?

11. Ein Kleinkredit in Höhe von 850,– € wird nach 68 Tagen zurückbezahlt. Der Zinssatz war auf 9 % festgelegt. Berechne die Zinsen.

12. Wie viel € Zinsen bringen 10 000,– € mit einem Zinssatz von 2,2 % in 14 Tagen?

13. Eva zahlt 50,– € auf ihr Sparbuch ein, das einen Zinssatz von 3 % hat. Welchen Zinsbetrag hat sie nach 100 Tagen?

14. Durch einen verspätet eingegangenen Scheck von 652,50 € sind für 25 Tage 11 % Verzugszinsen zu bezahlen. Welche Zinszahlung wird fällig?

15. Ein Girokonto war 10 Tage lang um 10 400 € überzogen. Für den Dispositionskredit sind 11,5 % Zinsen zu bezahlen. Berechne diesen Betrag.

Ergebnisse in €: 0,42; 2,34; 2,78; 4,98; 5,23; 8,56; 14,45; 16,40; 16,68; 33,22; 60; 66,32; 85; 92,50; 499,32; 1 253,20.

Berechnung des Kapitals

Beispiel: Ein Sparer bekommt bei einem Zinssatz von 3 % 48,10 € Jahreszinsen. Berechne das Kapital.

Das **Kapital** entspricht dem **Grundwert**.
Zur Berechnung mit dem Dreisatz oder der Tabelle lies auf Seite 10 nach.

Formel
$$K = \frac{Z \cdot 100}{p}$$

$$K = \frac{48,10 \cdot 100}{3}$$

$$K = 1\,270$$

Das Kapital beträgt 1 270,– €.

Berechnung des Zinsatzes

Beispiel: Ein Kapital von 672,– € bringt nach einem Jahr 13,54 € Zinsen. Berechne den Zinssatz.

Der **Zinssatz** entspricht dem **Prozentsatz**.
Zur Berechnung mit dem Dreisatz oder der Tabelle lies auf Seite 12 nach.

Formel
$$p = \frac{Z \cdot 100}{K}$$

$$p = \frac{13,54 \cdot 100}{672}$$

$$p = 2$$

Der Zinssatz beträgt 2 %.

1. Viktoria bekommt für ihre Spareinlage, die sie mit einem Zinssatz von 4 % angelegt hat, 38,– € Zinsen in einem Jahr. Berechne ihre Spareinlage.

2. Viktor hat ein Sparbuch mit einem Zinssatz von 2,5 %. Er bekommt 15,50 € Jahreszinsen. Auf welchen Betrag erhält er diese Zinsen?

3. Welches Kapital muss man mit 8 % verzinsen, um in einem Jahr 250,– € Zinsen zu bekommen?

4. Frau Lange hat 54,40 € Jahreszinsen bekommen. Welchen Betrag hatte sie am Jahresanfang zur Sparkasse gebracht, wenn der Zinssatz 3,4 % beträgt?

5. Welcher Betrag muss auf einem Sparbuch sein, wenn er bei einem Zinssatz von 2,5 % am Jahresende 50,– € Zinsen bringen soll?

6. Bei einer Verzinsung von 6,5 % fallen für eine Hypothek 3 497,– € Jahreszinsen an. Berechne die Höhe der Hypothek.

7. Welchen Kontostand hat ein Sparbuch am Jahresanfang, wenn bei einem Zinssatz von 3 % nur 0,54 € anfallen?

8. Herr Meyer hat für ein Jahr einen Kleinkredit aufgenommen, um eine neue Maschine anzuschaffen. Der Zinssatz beträgt 9 %, Die Jahreszinsen betragen 468,– €. Welchen Betrag muss er nach einem Jahr zurückzahlen?

9. Über welchen Betrag kann ein Sparer nach einem Jahr verfügen, wenn er bei einem Zinssatz von 4,5 % 49,05 € Jahreszinsen bekommt?

Ergebnisse in €: 18; 620; 950; 1 139,05; 1 600; 2 000; 3 125; 5 668; 53 800.

10. Ein Kapital von 762,– € bringt nach einem Jahr 26,67 € Zinsen. Berechne den Zinssatz.

11. Für einen Kredit von 3 700,– € sind 251,60 € Jahreszinsen zu bezahlen. Mit welchem Zinssatz wurde der Kreditvertrag abgeschlossen?

12. Bestimme den Zinssatz, wenn für ein Darlehen von 8 000,– € die Jahreszinsen 776,– € betragen?

13. Welcher Zinssatz ist vereinbart, wenn ein Kredit von 5 200,– € einen Jahreszins von 457,60 € erfordert?

14. Für 2,50 € Jahreszinsen leiht Dieter seinem Freund 125,– €. Welchen Zinssatz nimmt er?

15. Für einen Anbau braucht ein Unternehmer einen Kredit in Höhe von 50 000,– €. Dadurch werden für ihn am Jahresende 4 375,– € Zinsen fällig. Berechne den Zinssatz des Kredites.

16. Ellen bekommt am Jahresende 26,88 € Zinsen. Sie hatte am Jahresanfang Ersparnisse von 42,70 € auf ihr Sparbuch eingezahlt. Auf dem Sparbuch hatte sie bereits 853,30 €. Welchen Zinssatz hat ihr Sparbuch?

17. Berechne den Zinssatz, wenn eine Schuld von 825,– € nach einem Jahr mit einer Zahlung von 848,10 € beglichen wird.

18. Rudi hatte 500,– € von seinen Ersparnissen auf ein Sparkonto gebracht. Welchen Zinssatz hatte er, wenn er nach einem Jahr 521,50 € abheben konnte?

Ergebnisse in %: 2; 2,8; 3; 3,5; 4,3; 6,8; 8,75; 8,8; 9,7.

Bei einigen Ergebnissen musst du sinnvoll runden.
- Prozentsätze runde auf eine Stelle hinter dem Komma.
- Geldbeträge in Euro runde auf zwei Stellen hinter dem Komma.

1. Bei einem Kredit mit einem Zinssatz von 7,0 % wird nach einem Jahr die Zinszahlung in Höhe von 512,40 € fällig. Welche Höhe hat der Kredit?

2. Julia hat ein Guthaben von 2 413,25 € auf ihrem Sparbuch. Der Zinssatz beträgt 3,1 %. Nach einem Jahr möchte sie ihre Zinsen abheben. Über welchen Betrag verfügt sie dann?

3. Eine Festgeldanlage von 12 000,– € bringt in einem Jahr 732,– € Zinsen. Mit welchem Zinssatz ist das Geld angelegt worden?

4. Lukas bekommt von seinem Onkel zum Geburtstag Jahreszinsen in Höhe von 96,24 € geschenkt. Berechne das Guthaben des Onkels, das mit 3 % verzinst wurde.

5. Für den Neubau eines Gewächshauses erhält eine Gärtnerei ein Darlehen von 128 000,– €. Der Zinssatz beträgt 4,75 %. Berechne die Jahreszinsen.

6. Eine Bank verlangt 319,20 € Jahreszinsen für ein Darlehen von 4 560,– €. Wie hoch ist der Zinssatz?

7. Wie hoch muss ein Guthaben sein, wenn mit einem Zinssatz von 3 % täglich 1,– € Zinsen anfallen?

8. Ein Guthaben von 608,33 € verzinst sich mit 2,4 %. Wie viel € Zinsen sind nach einem halben Jahr angefallen?

9. Für ein Darlehen von 56 000,– € betragen die Jahreszinsen 4 872,– €. Welcher Zinssatz gilt für dieses Darlehen?

10. Welchen Zinsertrag kann ein Kapital von 8500,– € mit einem Zinssatz von 7,6 % in 3 Monaten erbringen?

11. Ein Kredit in Höhe von 23 200,– € wurde mit einem Zinssatz von 9,5 % gewährt. In welcher Höhe fallen die Jahreszinsen an?

12. Bei einem Sparbetrag von 1 380,– € mit einem Zinssatz von 4,1 % werden die Jahreszinsen ausgezahlt. Wie viel € sind das?

13. Für eine Hypothek von 60 000,– € mit einem Zinssatz von 6,5 % berechnet sich Familie Stolz die fälligen Jahreszinsen. Zur Schuldbegleichung wollen sie sich den erforderlichen Betrag monatlich in gleich großen Raten zurücklegen. Welchen Betrag legen sie sich jeden Monat zurück?

14. Berechne für beide Kredite die Kosten, die durch die Zinsen und die Bearbeitungsgebühr entstehen.

Kreditbeschreibung	Kredt A	Kredit B
Höhe des Kredits	5000,– €	5000,– €
Zinssatz:	8,5 %	9,0 %
Rückzahlung nach:	9 Monaten	8 Monaten
Bearbeitungsgebühr	25,– €	30,– €

15. Rebekka bekommt für eine Spareinlage in einem Monat 19,75 € Zinsen. Welchen Betrag hat sie angelegt, wenn der Zinssatz 6,0 % beträgt?

16. Simon hebt 13,44 € von seinem Sparbuch ab. Das sind die Zinsen, die bei einem Zinssatz von 2,8 % in 9 Monaten für sein Guthaben angefallen sind. Welches Guthaben hat Simon?

17. Ein Lottogewinn bringt nach einem Jahr 537,95 € Zinsen, wenn er sich mit 7 % verzinst. Welche Jahreszinsen könnten mit 9 % erreicht werden?

18. Tina leiht einer Freundin 50,– €. Sie bekommt das geliehene Geld einschließlich 10 % Zinsen schon nach 14 Tagen zurück. Wie viel € bekommt Tina?

19. Bei welchem Zinssatz ergeben sich für 4 500,– € in einem halben Jahr 112,50 € Zinsen?

20. Paul leiht sich für eine Reise 500,– € von seinem Vater. Er verspricht das Geld nach 100 Tagen einschließlich 5 % Zinsen zurückzuzahlen. Welchen Betrag muss er bis dahin aufbringen?

Ergebnisse (ohne Einheiten): 5; 6,1; 7; 7,30; 8,7; 50,19; 56,58; 74,81; 161,50; 325; 330; 343,75; 506,94; 640; 691,65; 2 204; 3 208; 3 950; 6 080; 7 320; 12 000.

Bei Gleichungen gelten:
Additions-, Subtraktions-, Multiplikations- und **Divisionsregel.**
Beachte, dass die Veränderungen immer **auf beiden Seiten** der Gleichung erfolgen müssen, damit die Gleichheit erhalten bleibt.

Beispiel: Addiert man das Fünffache einer gedachten Zahl zu 225, so erhält man 270. Wie heißt die gedachte Zahl?

Lösung: Die gedachte Zahl heißt x. Das Fünffache heißt 5 · x.

Nach dem Aufgabentext gilt: $225 + 5 \cdot x = 270$ $| - 225$
$$5 \cdot x = 45 \quad | : 5$$

Die gedachte Zahl heißt 9. $x = 9$

Probe: $225 + 5 \cdot \mathbf{9} = 270$ Die Probe bei Textaufgaben kann nur
$225 + 45 = 270$ **mithilfe des Textes** gemacht werden!
$270 = 270$

1. Addiert man das Dreifache einer gedachten Zahl zu 234, so erhält man 285. Wie heißt die gedachte Zahl?

2. Welche Zahl addiert man zu 643 um 794 zu erhalten?

3. Von welcher Zahl werden 54,7 subtrahiert, wenn das Ergebnis 27,8 lautet?

4. Welche Zahl muss man von 400 subtrahieren, um 101,01 zu erhalten?

5. Das Vierfache einer Zahl beträgt 51. Wie heißt diese Zahl?

6. Von welcher Zahl ist 0,25 der achte Teil?

7. Welche Zahl muss man durch 4,25 teilen, um 16 zu erhalten?

8. Von welcher Zahl ist 12 das 1,5fache?

9. Die Differenz ergibt 41,7, wenn von der unbekannten Zahl 8,3 subtrahiert wird. Von welcher Zahl wurde 8,3 subtrahiert?

10. Welche Zahl muss man verdoppeln um 1,75 zu erhalten?

11. Wenn von dem Doppelten einer Zahl 12 subtrahiert wird, erhält man 12,8. Um welche Zahl handelt es sich?

12. Wird zu einer Zahl das Sechsfache addiert, so erhält man 9,1. Für welche Zahl gilt das?

13. Vermindert man das Zehnfache einer Zahl um 0,6, so ergibt dies 29,4. Von welcher Zahl ist hier die Rede?

14. Addiert man ein Viertel einer unbekannten Zahl zu 84, so erhält man 120. Wie heißt die unbekannte Zahl?

15. Die Summe aus 37,6 und einer unbekannten Zahl ist 42,5. Wie heißt der fehlende Summand?

16. Die gesuchte Zahl ergibt sich, wenn man bei ihrer Multiplikation mit 4,2 die Zahl 6,3 erhält.

17. Subtrahiert man vom Neunfachen einer Zahl 9, so erhält man 99. Bestimme die Zahl.

18. Der Quotient aus 1 482 und einem unbekannten Divisor ist 65. Durch welche Zahl wird geteilt?

19. Das Sechsfache einer Zahl ist gleich der Summe aus dem Vierfachen der Zahl und 38. Wie heißt die Zahl?

20. Addiert man zu einer Zahl das Doppelte und die Hälfte dieser Zahl, so erhält man 119. Für welche Zahl gilt das?

21. Die Hälfte und ein Fünftel einer Zahl ergeben zusammen 49. Wie heißt diese Zahl?

22. Subtrahiert man von einem Drittel einer Zahl 20, so erhält man 10. Bestimme die Zahl.

23. Welche Zahl muss man zu 14,8 addieren, wenn das Ergebnis das Dreifache der Zahl ergeben soll?

24. Das Dreifache einer Zahl um 3 vermindert ist gleich dem Doppelten der Zahl um 2 vermindert. Für welche Zahl gilt das?

Ergebnisse: 0,875; 1; 1,3; 1,5; 2; 3; 4,9; 7,4; 8; 12; 12,4; 12,75; 17; 19; 22,8; 34; 50; 68; 70; 82,5; 90; 144; 151; 298,99.

Seite 1
1. 15 €
2. 255 €
3. 1472 €
4. 2 800 €
5. 156 €
6. 156 €
7. 392 €
8. 460 Umdrehungen
9. 30 €
10. 322 €
11. 49,50 €

Seite 2
12. 22,40 €
13. 2 160 Schrauben
14. 66 000 €
15. 525 g
16. 2 400 l
17. 36 m²
18. 387 m³
19. 3 600 g
20. 102 km/136 km/51 km
21. 684 €
22. 68 l
23. 1 260 m
24. a) 54 €; 90 €
    b) 36 €; 72 €; 108 €
    c) 27 €; 63 €; 99 €
25. 21 l
26. 504 €
27. 12 Wochen
28. 59 400 €; 79 200 €; 138 600 €
29. 1 kg

Seite 3
30. 3 Blusen
31. 8 Fahrräder
32. 40 Exemplare
33. 52 500 €
34. 140 Schüler
35. 20 Berliner
36. 315 €
37. 22 Kinder
38. 2,70 €
39. a) 12,80 €
    b) 39,10 €
40. a) 102 €
    b) 15 Kisten
41. a) 2 600 €
    b) 450 Karten
42. a) 25 €
    b) 12 Runden
43. 240 Brötchen
44. a) 375 Fliesen
    b) 13 m²
45. a) 450 €
    b) 525 Würste
    c) 500 Würste

Seite 4
1. 9 min
2. 45 min
3. 20-mal
4. 5 Tage
5. 72 Stunden
6. 119 Stücke
7. 500 km
8. 5 Tage
9. 1,5 Stunden

Seite 5
10. 4 Tage
11. 144 min
12. 6 Scheiben
13. 198 Seiten
14. 5 Aufsätze
15. 192 min
16. 16,80 €
17. 21 Stunden
18. 7 km
19. 132 000 Flaschen
20. a) 20 Stunden
    b) 6 Näherinnen
21. a) 52,5 Stunden
    b) 7 Maler
22. a) 20 Anmeld.
    b) 5 min
23. a) 4 P./5 Planierr.
    b) 40/60 Stunden

Seite 6
1. 280 min
2. 4 750 €
3. 4 120 Karten
4. a) 6 m
   b) 36 m
5. 2 h 15 min
6. a) 903 g
   b) 16 cm³
7. a) 80 $\frac{km}{h}$
   b) 52 km
8. 45 min
9. 414 €
10. 3 Tage
11. 70 €
12. a) 2 300 €
    b) 26 Tage
13. 6 €
14. 750 Würste
15. a) 81 m²
    b) 194,4 m²
16. 135 min
17. a) 140 Lose
    b) 240 €

Seite 7
18. 1 335 g
19. 2,88 €
20. 190 min; 260 min; 150 min
21. 112 Steine; 96 Steine
22. 50,4 kg; 34,65 kg
23. 17,6 t
24. 27 CDs
25. 6 300 l; 22,05 €
26. a) 30 Aufgaben
    b) 6 min
27. a) 170 min
    b) 170 min
28. 20 Tage
29. 1 530 €
30. a) 3,4 Stunden
    b) 80 $\frac{km}{h}$
31. 60 Stunden
32. 21 Stunden
33. 1 175 €
34. a) 24 Stunden; 14,4 Stunden
    b) 3 Abflüsse

Seite 8
1. 5 370,00 €
2. 299,40 €
3. 23,75 €
4. 369 km
5. 144 m²
6. 21 Seiten
7. 84 Schüler
8. 30 Plätze
9. 442 Besucher
10. 128 Fahrzeuge
11. 152,83 €
12. 22,35 €
13. 14,96 kg
14. 4,5 g
15. 18 924,40 €
16. 93,24 €
17. 279 Schüler
18. 18 Vokabeln

Seite 9
19. 80 Winkel
20. 240 Liter
21. 144 Liter
22. 0,87 kg
23. 4,50 €
24. 147,– €; 99,60 €; 62,– €; 22,50 €; 314,10 €
25. 420 Mitarbeiter
26. 57 Schüler und 187 Schüler
27. 950 Punkte
28. 1. 18 min
    2. 20 min
3. 20 min
4. 24 min
5. 32 min
29. 562,50 €
30. 47 Mitarbeiter
31. 3,80 €
32. 238 m²
33. 87,22 € und 2 267,72 €
34. 55,– € Mwst. 398,75 €
35. 1 377,70 €
36. 429 Tiere
37. 7 424 Bauteile

Seite 10
1. 4 050,– €
2. 1 240 m²
3. 750 Gäste
4. 450 Kinder
5. 92,50 €
6. 38 900,– €
7. 5 000,– €
8. 50,– €
9. 1 045,– €
10. 125 Punkte
11. 850,– €
12. 425 kg
13. 150 000 Fahrz.
14. 308 Seiten
15. 2 490,39 €
16. 89,– €; 86,33 €
17. 7,25 m

Seite 11
18. 120 000,– €
19. 125 Teiln.
20. 150 Bücher
21. 406 100,– €
22. 580,– €
23. 1 260,– €; 84,50 € 710,– €; 217,– € 445,– €
24. 1 280 Karten
25. 11,5 km
26. 12 Liter
27. 1 120,– €
28. 629,4 m²
29. 301,– €
30. 1 073 m²
31. 5 460,18 €
32. 210,8 ha
33. 396 Brötchen
34. 1,9 ha
35. 2 480,– €; 2 063,36 €

Seite 12

1. 55 %	**7.** 64 %	**13.** 40 %
2. 8 %	**8.** 20 %	**14.** 2 %
3. 4 %	**9.** 85 %	**15.** 60 %
4. 5 %	**10.** 14 %	**16.** 88 %
5. 7 %	**11.** 68 %	
6. 28 %	**12.** 40 %; 50 %; 10 %	

Seite 13

17. 71,4 %	**20.** 0,4 %	**29.** 34,3 %
18. 12 %	**21.** 7 %	**30.** 9 %
19. 5: 45 % u.	**22.** 24 %	**31.** 32 %
55 %	**23.** 8 %	23,8 %
6: 52 % u.	**24.** 6,5 %	15 %
48 %	**25.** 5 %	27,3 %
7: 53 % u.	**26.** 16,2 %	2 %
47 %	**27.** 10,8 %	**32.** 4,6 %
8: 44 % u.	**28.** 5,7 %	**33.** 12,3 %
56 %		
9: 48 % u.		
52 %		
10: 51 % u.		
49 %		

Seite 14

1. 16 Schüler	**11.** 1: 84 Punkte
2. 67,9 %	2: 75 Punkte
3. 14 100 Liter	3: 57 Punkte
15 087 Liter	4: 44 Punkte
4. 85 kg	5: 26 Punkte
5. 45,1 %; 17,7 %	6: 25 Punkte
7,6 %; 29,5 %	**12.** 9,3 %
6. 593,– €	**13.** 64,– €; 54,40 €
7. 27,3 %	**14.** 6,87 m
8. 4,4 min	**15.** 11,4 %
9. 18 000 Parkpl.	**16.** 80 g
10. 49 g	**17.** 429,– €
	18. 65 %

Seite 15

19. 4 Minuten	**28.** Land: 55 %
20. 31,3 %	Wald: 30 %
21. 391,50 €	B. u. V.: 12 %
22. 92 500,– €	Wasser: 3 %
23. 42 %: 10 Std.	**29.** 234 Stimmen
8 %: 2 Std.	**30.** 60 %
21 %: 5 Std.	**31.** 1 063 °C
12 %: 3 Std.	**32.** 29,2 %
17 %: 4 Std.	**33.** 1 621,80 €
24. 54,34 €	**34.** 526,75 €
25. 4,50 €	**35.** 137,6 Mill.; 150,5 Mill.
26. 5,39 kg	
27. 55 %: 2,75 Liter	
44 %: 2,2 Liter	
1 %: 0,05 Liter	

Seite 16

1. 29,– €	**8.** 1 075,– €	**12.** 100,94 €
2. 619,– €	**9.** 5 440,– €	**13.** 1 425,69 €
3. 169,22 €	**10.** 15,05 €	
4. 2,60 €	**11.** 11,60 €	
5. 15,75 €	14,50 €	
6. 147,75 €	18,56 €	
7. 5,60 €	26,10 €	

Seite 17

1. 16,68 €	**6.** 499,32 €	**12.** 8,56 €
2,78 €	**7.** 92,50 €	**13.** 0,42 €
2. 60,– €	**8.** 16,40 €	**14.** 4,98 €
3. 85,– €	**9.** 2,34 €	**15.** 33,22 €
4. 5,23 €	**10.** 1 253,20 €	
5. 66,32 €	**11.** 14,45 €	

Seite 18

1. 950,– €	**7.** 18,– €	**13.** 8,8 %
2. 620,– €	**8.** 5 668,– €	**14.** 2 %
3. 3 125,– €	**9.** 1 139,05 €	**15.** 8,75 %
4. 1 600,– €	**10.** 3,5 %	**16.** 3 %
5. 2 000,– €	**11.** 6,8 %	**17.** 2,8 %
6. 53 800,– €	**12.** 9,7 %	**18.** 4,3 %

Seite 19

1. 7 320,– €	**9.** 8,7 %	**16.** 640,– €
2. 74,81 €	**10.** 161,50 €	**17.** 691,65 €
3. 6,1 %	**11.** 2 204,– €	**18.** 50,19 €
4. 3 208,– €	**12.** 56,58 €	**19.** 5 %
5. 6 080,– €	**13.** 325,– €	**20.** 506,94 €
6. 7 %	**14.** 343,75 €	
7. 12 000,– €	330,– €	
8. 7,30 €	**15.** 3 950,– €	

Seite 20

Aufg. Gleichung	x
1. $234 + 3x = 285$	17
2. $634 + x = 794$	151
3. $x - 54,7 = 27,8$	82,5
4. $400 - x = 101,01$	298,99
5. $4x = 51$	12,7
6. $\frac{x}{8} = 0,25$	2
7. $\frac{x}{4,25} = 16$	68
8. $12 = 1,5\,x$	8
9. $x - 8,3 = 41,7$	50
10. $2x = 1,75$	0,875
11. $2x - 12 = 12,8$	12,4
12. $x + 6x = 9,1$	1,3
13. $10x - 0,6 = 29,4$	3
14. $84 + \frac{1}{4}x = 120$	144
15. $37,6 + x = 42,5$	4,9
16. $4,2x = 6,3$	1,5
17. $9x - 9 = 99$	12
18. $\frac{1482}{x} = 65$	22,8
19. $6x = 4x + 38$	19
20. $x + 2x + \frac{1}{2}x = 119$	34
21. $\frac{1}{2}x + \frac{1}{5}x = 49$	70
22. $\frac{1}{3}x - 20 = 10$	90
23. $14,8 + x = 3x$	7,4
24. $3x - 3 = 2x - 2$	1

Seite 21

Aufg. Gleichung	Ergeb.
1. $180° = \alpha + \beta + \gamma$	$\gamma = 73°$
2. $180° = \alpha + \beta + \gamma$	$\beta = 38°$
3. $180° = 3 \cdot \alpha$	$\alpha = 60°$
4. $360° = \alpha + \beta + \gamma + \delta$	$\delta = 50°$
5. $360° = 2\alpha + 2\beta$	$\beta = 148°$
6. $360° = 4 \cdot \alpha$	$\alpha = 90°$
7. $360° = 8 \cdot \alpha$	$\alpha = 45°$
8. $-11 + x = 22$	33 °C
9. $x - \frac{1}{3}x = 20$	30 °C
10. $x + \frac{1}{4}x = 12,5$	10
11. $8 - \frac{1}{2}x - \frac{1}{3}x = 3$	6
12. $x + x + 1 = 333$	166
	167
13. $G = \frac{P \cdot 100}{p}$	14 400,– €
14. $p = \frac{P \cdot 100}{G}$	3,5 %
15. $Z_t = \frac{K \cdot p \cdot t}{100}$	39,23 €
16. $P = \frac{G \cdot p}{100}$	2,22 kg
17. $p = \frac{P \cdot 100}{G}$	2 %
18. $u = 4 \cdot a$	5,8 km
19. $A = a \cdot b$	28,42 m²
20. $A = a \cdot b$	2,31 m²
21. $u = \pi \cdot d$	222,94 cm
22. $u = 3 \cdot a$	9,75 m
23. $b = \frac{A}{a}$	3,15 m
24. $A = \pi \cdot \frac{d^2}{4}$	0,95 m²
$u = \pi \cdot d$	3,45 m

Seite 22

1. u = 312 cm
   A = 6 048 cm²
2. u = 512 mm
3. u = 13,60 m
   A = 11,56 m²
4. 1 m²; 1 dm²
   100 Quadrate
5. a = 1 cm
6. A = 676 m²
   37 180,– €
7. A = 1,21 m²

8. A = 210,25 cm²
9. A = 75,69 dm²
10. A = 3,61 m²
11. u = 312 cm
    A = 6 048 cm²
12. A = 3,24 m²
13. 6 000 m
14. a = 1,60 m
    u = 6,40 m
15. u = 128 cm
16. 4 Platten

Seite 23

1. u = 126 mm
   A = 810 mm²
2. u = 25,2 cm
3. A = 32,76 dm²
4. A = 20,48 m²
5. u = 3 018 m
6. 14,58 €
7. u = 2,17 m
8. u = 97,60 m
   A = 483 m²

9. A = 6,24 dm²
10. A = 604,20 cm²
11. A = 20,50 m²
12. Breite = 463 mm
13. Länge = 35,20 m
14. Breite = 3,80 m
15. Länge = 6,90 m
16. A = 151,80 m²
17. A = 1 m²

Seite 24

1. u = 240 mm
   A = 3 042 mm²
2. u = 392,6 cm
   A = 7 198,34 cm²
3. u = 52,40 m
4. A = 52,50 m²
5. u = 132 m
   A = 995 m²
6. b = 51,35 cm
7. a = 153 mm
   u = 448 mm

8. u = 176 mm
9. A = 39 cm²
10. A = 41,41 cm²
11. A = 128,31 m²
12. h = 2,80 m
13. fehlende Seite: 6,9 cm
14. A = 12,90 m²
15. 76 mm

Seite 25

1. u = 171 mm
2. u = 38,52 m
3. u = 3,94 m
4. A = 35,34 dm²
5. A = 38,34 m²
6. A = 0,99 m²
7. u = 38,4 cm
   A = 63,2 cm²
8. 21,– €

9. 304 Pflanzen
10. u = 2,58 m
    A = 0,32 m²
11. h = 20 cm
12. beide Flächen
    zusammen: 4,44 m²
13. a = 52,15 m
14. g = 25 cm
15. u = 10,71 cm²

Seite 26

1. u = 37,68 cm
   A = 113,04 cm²
2. u = 2,83 m
   A = 0,64 m²
3. A = 15,9 dm²
4. u = 38,4 cm
   A = 102,02 cm²
5. u = 20,10 m
   A = 32,15 m²
6. A = 0,58 m²

7. u = 131,88 cm
8. u = 59,66 cm
9. A = 1,77 m²
   A = 7,07 m² =
   vierfacher Flächeninhalt
10. A = 25,12 cm²
11. d = 15 m
12. a = 30 cm
13. r = 12 cm
14. d = 10 mm

Seite 27

1. u = 146 m
   A = 1 332,25 m²
2. A = 10 800 m²
3. 256,32 €
4. A = 1,04 m²
5. A = 36,49 m²
6. u = 36,11 cm
   u = 115,55 cm
7. u = 22,60 m
   A = 16,56 m²
8. A = 49 m²

9. u = 4,16 m
10. u = 72 dm
11. A = 6 916 cm²
12. A = 30,6 m²
13. 36 kg
14. 288 Platten
15. d ≤ 7 cm
16. Länge: 3 m
17. Abfall: 1 232 cm²
18. A = 200 cm²
19. Restfläche: 2 661,5 cm²

Seite 28

1. A = 0,51 m²
2. r = 7 cm
3. A = 0,52 m²
4. u = 12,0 cm
   A = 7,60 cm²
5. A = 21,12 m²
6. u = 238,64 m
7. u = 84,6 cm
8. A = 2,50 m²
9. A = 5,49 m²
10. A = 104,96 m²
11. Radumdrehung: 455-mal

12. A = 1,08 m²
13. d = 0,64 m
14. A = 7,84 ha
    A = 24 ha
    A = 20,52 ha
    A = 38,25 ha
15. a = 38,80 m
16. 720 Steine
17. 5 Personen
18. A = 927 m²
19. u = 200 m
20. u = 25 cm

Seite 29

1. M = 37,5 cm²
   V = 15,625 cm³
2. a) (1) 1/3; 2/5; 6/4
      (2) 1/4 ; 2/6; 3/5
      (3) 1/5; 2/4; 3/6
      (4) 1/5; 2/4; 3/6
   b) 3,84 m²; 7,26 m²;
      5,42 m²; 15,36 m²
   c) 512 dm³; 1 331 dm³;
      857,375 dm³;
      4 096 dm³
3. 8,64 m²; 1,728 m³
4. 4 096 Würfel
5. 343 l
6. 8 l
7. 4,05 m²

8. 16-mal; 64-mal
9. 3,594 t
10. a = 10 cm O = 600 cm²
    V = 1 000 cm³
11. nein; er hat alle Kanten
    dreimal gezählt
12. a) 2 Platten
       75 cm x 71 cm
       2 Platten
       71 cm x 71 cm
    b) 71 cm
    c) innen:
       V = 357 911 cm³
       außen:
       V = 421 875 cm³
    d) O = 33 750 cm²

Seite 30

1. a) V = 3 036 cm³
   b) V = 1,366 m³
2. 2,88 kg
3. V = 0,432 m³
4. a) V = 24 dm³
   b) 17,28 kg
5. a) 285 000 l
   b) 15 000 l
6. V = 92,25 m³
7. O = 15,82 m²

8. 362,5 kg
9. V = 12,375 m³
10. nein; 62,928 m²
11. ja; 330 kg
12. 12,096 m²
13. 3 850 g
14. 126 l
15. c = 4,5 cm
16. b = 12 cm
17. c = 1,50 m

Seite 31

1. V = 2 976 cm³
2. M = 665 cm²
3. M = 1 352 cm²
   O = 1 462 cm²
   V= 1 430 cm³
4. 150,5 m²
5. V = 67 200 m³
6. 215,5 dm³

7. V = 30 m³
8. V = 1,5 m³
9. 28 m²
10. M = 4 650 cm²
11. k = 14,4 cm
12. u = 0,85 m
13. V = 1 058 cm³
14. M = 1 065 cm²

Seite 32

1. M = 20,44 m²
2. M = 565,2 cm²
3. V = 602,88 dm³
4. O = 395,64 cm²
5. 238,64 m²
6. O = 4,02 m²
7. 110,53 m²
8. V = 1,256 m³
9. k = 8,4 cm

10. 1 695,6 ml
11. V = 375 dm³
12. nein;
    V = 678,24 cm³ u.
    V = 339,12 cm³
13. a) V = 602,88 cm³
    b) V = 2 411,52 cm³;
       V = 5 425,92 cm³
14. 16,485 m³

Seite 33

1. V = 402 cm³
2. 79,2 dm³
3. 2,695 m³
4. V = 236 250 m³
5. 375 m³
6. k = 12,5 cm
7. M = 7,65 m²
8. 25,12 dm³
9. G = 1,2 m²
10. V= 403,2 m³

11. k = 2,80 m
12. V = 2 000 m³
13. O = 74 722 cm²
14. 18,92 dm³
15. V = 3 815 dm³
16. V = 0,512 m³
17. 3 686 cm²
18. k = 8 cm
19. V = 79,52 dm³
20. 10,450 dm³

Seite 34

21. V = 668,75 dm³
22. M = 4 m²
23. k = 1,80 m
24. V = 1,356 m³
25. je nach Lage der Platten:
    a) 2 910,6 cm³
    b) 2 814,75 cm³
    c) 2 598,75 cm³
26. mind. 15,7 cm³
27. 527,52 cm³
28. 43,514 kg
29. 3 840 l
30. k = 16 cm
31. u = 1,65 m

32. V = 7,735 m³
33. O = 499,2 cm²
34. 6 840 cm³
35. a = 0,75 m
36. M = 660 cm²
    O = 672 cm²
37. a) V = 85,75 dm³
       V = 72,1 dm³
       V = 58,1 dm³
       V = 83,3 dm³
    b) M = 294 dm²
       M = 217 dm²

Seite 35

1. 20,8 m²
2. 509,60 €
3. 558,80 €
4. 296 Fliesen
5. 77,26 m²
6. 7 Rollen

7. 88,20 €
8. 108,– €
9. 166,50 €
10. 34,30 m²
11. 703,50 €
12. 4002,– €

13. 603,10 €
14. a) 186,– €
    b) 789,10 €
15. 36,– €

Seite 36

1. 10 423 €
2. 118,92 €
3. 2 592,84 l
4. 2,288 m³
5. 475,17 €

6. 24,88 €
7. 4 433,94 l
8. 602,88 €
9. 2 025 €
10. 16,42 €

11. a) 143 327,88 €
    b) 895,97 €
12. 3 Fuhren
13. 45,28 m²
14. 30 Steine

Seite 37

1. 73,20 €
2. 9,9 %
3. 132,75 €
4. 4,05 €
5. 120 €

6. 2,75 Stunden
7. 14.30 Uhr
   (4 Stunden)
8. 7 %
9. 18,4 %

10. 47,1 %
11. 108 min (1,8 h)
12. a) 29 %
    b) 28 €

Seite 38

1. A = 1 615 m²
2. A = 742,9 m²
3. 6,86 €
4. 6,237 dm²
5. 73,8 % ≈ 74 %
6. 0,998 m²
7. 1,99584 m² ≈ 2,00 m²

8. 6 Verkäufer
9. 16 € – 15,75 € = 0,25 €
10. 10 € – 4,50 € = 5,50 €
11. 1,37 €
12. 41,52 €
13. 8 Minuten

Seite 39

1. 20 %
2. 434 min
3. 1 283,23 m²
4. 12 Flaschen
5. 44 min
6. 192 min

7. 6 205 SMS
8. 28,60 €
9. 55 €
10. 20 %
11. Sabine: 70 min
    Elin: 84 min

12. 44 €
13. 40 %
14. a) 25 Disketten
    b) 90,4 %
15. 18,75 m u.
    31,25 m

Seite 40

1. 34 196,6 cm³
2. A = 17,69 m²
3. 0,5 Stunden
4. 1,385 m²
5. 37,50 €
6. 144 Seiten
7. 100
8. 372,94 €
9. V = 2,64 m³
10. 3 200 €

11. 1,472 m³
12. ja;
    W: 2 000,376 cm³
    Q: 1 800 cm³
13. 43,5 l
14. A = 254,34 m²
15. 184,50 €
16. 1,5 %
17. 2,72 m²
18. 1,27 m²

Schreibe bei den folgenden Aufgaben immer **erst die Gleichung (Formel)** auf und setze dann die Zahlen ein, um die gesuchte Größe zu berechnen.
Bei einigen Ergebnissen musst du sinnvoll runden.

1. In einem Dreieck beträgt die Winkelsumme 180°. Wie groß ist der fehlende Winkel γ, wenn $\alpha = 44°$ und $\beta = 63°$ ist?

2. In einem rechtwinkligen Dreieck ($\gamma = 90°$) ist $\alpha = 52°$. Wie groß ist der Winkel β?

3. Bei einem gleichseitigem Dreieck sind die drei Winkel gleich groß. Welche Größe hat jeder Winkel?

4. In einem Viereck beträgt die Winkelsumme 360°. Wie groß ist der fehlende Winkel δ, wenn $\alpha = 90°$, $\beta = 100°$ und $\gamma = 120°$ ist?

5. In einem Parallelogramm ist der Winkel $\alpha = 32°$. Wie groß ist der Winkel β?

6. Es gibt Vierecke, in denen sind die 4 Winkel gleich groß. Welche Größe hat dann jeder Winkel?

7. Eine Kreisfläche wird so in 8 gleich große Teile geteilt, dass alle Mittelpunktswinkel gleich groß sind. Welche Größe hat jeder Mittelpunktswinkel, wenn der Vollwinkel 360° beträgt?

8. An einem Wintertag wird eine Außentemperatur von – 11° C gemessen. Im Haus herrscht eine Temperatur von 22 °C. Berechne die Temperaturdifferenz.

9. An einem Sommertag wird gegen Abend eine Temperatur von 20 °C gemessen. Die Temperatur war um ein Drittel der höchsten Temperatur gefallen. Welche Höchsttemperatur wurde gemessen?

10. Zu welcher Zahl muss man ein Viertel der Zahl addieren, um 12,5 zu erhalten?

11. Wenn man von 8 die Hälfte einer Zahl und ein Drittel der Zahl subtrahiert, erhält man 3. Welche Zahl ist gemeint?

12. Addiert man zwei aufeinanderfolgende Zahlen, so erhält man 333. Wie heißen die beiden Zahlen?

13. Beim Kauf einer Maschine handelt ein Unternehmer einen Rabatt von 8,5 % heraus. Dadurch spart er 1 224,– €. Auf welchen Preis wird der Rabatt gewährt?

14. Inken bekommt auf ihr Sparguthaben in Höhe von 1 652,– € am Jahresende eine Zinsauszahlung von 57,82 €. Welchen Zinssatz hat das Sparbuch?

15. Berechne für ein Guthaben von 2 675,– € die Zinsen für 165 Tage, wenn der Zinssatz 3,2 % beträgt.

16. Von 185 kg Weintrauben waren 1,2 % schlecht geworden. Wie viel kg Weintrauben konnten nicht verkauft werden.

17. Von einem Rechnungsbetrag über 346,50 € kann sich Frau Wacker 6,93 € Skonto abziehen. Wie viel Prozent beträgt der Preisnachlass?

18. Eine quadratische Waldfläche hat eine Seitenlänge von 1,450 km. Welche Strecke legt ein Wanderer zurück, wenn er einmal um den Wald herumgeht?

19. Familie Enzel möchte ihr rechteckiges Wohnzimmer mit einem neuen Teppichboden auslegen. Das Wohnzimmer ist 5,80 m lang und 4,90 m breit. Wie viel Quadratmeter Teppichboden sind mindestens erforderlich?

20. Eine 2,20 m hohe und 1,05 m breite Holztür soll außen gestrichen werden. Berechne die Fläche für den Farbanstrich.

21. Der äußere Durchmesser eines Rades beträgt 71 cm. Welche Strecke legt das Rad mit einer Umdrehung zurück?

22. Ein Blumenbeet hat die Form eines gleichseitigen Dreiecks. Die Seitenlänge beträgt 3,25 m. Das Beet soll eine Einfassung aus Rundhölzern bekommen. Für welche Länge müssen die Hölzer einkauft werden?

23. Welche Breite hat der Boden einer 6,80 m langen Garage, die eine Grundfläche von 21,42 m^2 hat?

24. Welche Fläche und welchen Umfang hat ein runder Tisch mit einem Durchmesser von 1,10 m?

Ergebnisse (ohne Einheiten): 0,95; 2; 2,22; 2,31; 3,15; 3,45; 3,5; 5,8; 6; 9,75; 10; 28,42; 30; 33; 38; 39,23; 45; 50; 60; 73; 90; 148; 166; 167; 222,94; 14 400.

Das **Quadrat** ist ein Viereck mit gleich langen Seiten und gleich großen Winkeln (90°).

Umfang (u)   **Flächeninhalt (A)**

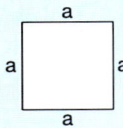   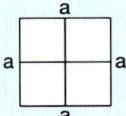

                                        Die Fläche wird mit geeigneten Einheits-
                                        quadraten ausgelegt.

Umfang = viermal die   Flächeninhalt = Länge mal Breite
          Seitenlänge

$u = a + a + a + a$ $A = a \cdot a$
$u = 4 \cdot a$ $A = a^2$

Bei einigen Ergebnissen musst du sinnvoll runden.
Flächenangaben runde auf zwei Stellen hinter dem Komma.
Lerne die **Quadratzahlen von $1^2 - 20^2$** auswendig! Du brauchst sie bei einigen Aufgaben.

1. Ein Quadrat hat eine Seitenlänge von 78 cm. Berechne den Umfang und den Flächeninhalt.

2. Welchen Umfang hat ein Quadrat, das eine Seitenlänge von 128 mm hat?

3. Die Seitenlänge eines Quadrates beträgt 3,40 m. Welchen Umfang und welchen Flächeninhalt hat das Quadrat?

4. Eine quadratische Holzplatte mit der Seitenlänge 1 m wird in quadratische Flächen mit der Seitenlänge 1 dm eingeteilt. Welche Flächeninhalte haben die beschriebenen Quadrate? Wie viele der kleineren Quadrate passen in das große Quadrat?

5. Eine quadratische Fläche von 1 dm² wird in 100 gleich große Quadrate eingeteilt. Welche Seitenlängen haben diese Quadrate?

6. Familie Neuhaus hat sich ein quadratisches Grundstück mit einer Seitenlänge von 26 m gekauft. Bestimme den Flächeninhalt und berechne den Preis des Grundstücks, wenn 1 m² 55,– € kostet.

7. Welchen Flächeninhalt hat eine quadratische Scheibe, wenn ihre Seitenlänge 1,10 m beträgt?

8. Eine quadratische Fliese hat eine Seitenlänge von 14,5 cm. Welche Fläche deckt sie ab?

9. Wie viel Quadratdezimeter Blech werden für eine quadratische Abdeckung mit einer Seitenlänge von 8,7 dm gebraucht?

10. Welche Fläche kann man mit 500 quadratischen Pflastersteinen abdecken, wenn alle Steine eine Seitenlänge von 8,5 cm haben? Gib in m² an.

11. Eine quadratische Sandkiste hat eine Seitenlänge von 1,25 m. Sie soll mit einer Plane abgedeckt werden, die an jeder Seite 0,25 m übersteht. Welchen Umfang und welchen Flächeninhalt hat die Plane?

12. Eine quadratische Tischfläche mit einer Seitenlänge von 1,20 m wird mit einer Decke abgedeckt, die an jeder Seite 30 cm überhängt. Welchen Flächeninhalt hat die Decke?

13. Ein quadratisches Waldstück hat einen Flächeninhalt von 1 ha. Welche Strecke hat ein Läufer zurückgelegt, wenn er es fünfzehn mal umrundet?

14. Welche Seitenlänge und welchen Umfang hat eine 2,56 m² große Quadratfläche?

15. Welchen Umfang hat ein Schachbrett, wenn jedes der 64 Felder einen Flächeninhalt von 16 cm² hat?

16. Wie viele quadratische Waschbetonplatten werden für einen Quadratmeter benötigt, wenn eine Platte eine Seitenlänge von 50 cm hat?

Ergebnisse (ohne Einheiten): 1; 1; 1; 1,21; 1,60; 3,06; 3,24; 3,61; 4; 6,40; 7; 11,56; 13,6; 75,69; 100; 128; 210,25; 312; 512; 676; 6 000; 6 084; 37 180.

Das **Rechteck** ist ein Viereck mit vier rechten Winkeln.

Zur Berechnung von Umfang und Flächeninhalt müssen die **Seitenlängen in der gleichen Einheit** angegeben sein!

Umfang (u)

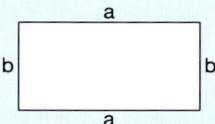

a

b b

a

Flächeninhalt (A)

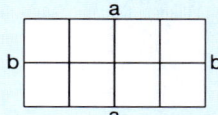

a

b b

a

Die Fläche wird mit geeigneten Einheits-quadraten ausgelegt.

Umfang = zweimal Länge
+ zweimal Breite

u = 2 · a + 2 · b

Flächeninhalt = Länge mal Breite

A = a · b

Achte auf die Einheiten!

Bei einigen Ergebnissen musst du sinnvoll runden. (Flächenangaben runde auf zwei Stellen hinter dem Komma.)

1. Ein Rechteck ist 45 mm lang und 18 mm breit. Bestimme den Umfang und den Flächeninhalt.

2. Berechne den Umfang eines Rechtecks, das 8,7 cm lang und 3,9 cm breit ist.

3. Welchen Flächeninhalt hat ein 6,3 dm langes und 5,2 dm breites Rechteck?

4. Herr Flott möchte den Boden seiner Garage mit einer Zementfarbe streichen. Die Garage hat eine Breite von 3,20 m und eine Länge von 6,40 m. Für wie viel Quadratmeter muss er Farbe einkaufen?

5. Welchen Umfang hat ein rechteckiger Acker, der 834 m lang und 675 m breit ist?

6. Karl kauft eine Holzplatte, die 1,50 m lang und 0,72 m breit ist. Wie viel € muss er bezahlen, wenn 1 Quadratmeter 13,50 € kostet?

7. Eine 85,4 cm lange und 23,1 cm breite Platte soll rundum mit einem Umleimer versehen werden. Wie viel Meter Umleimer sind zu kaufen?

8. Alena mäht eine Rasenfläche, die 35 m lang und 13,80 m breit ist. Anschließend schneidet sie die Rasenkanten. Wie viel Meter Rasenkanten schneidet sie und welche Fläche mäht sie?

9. Ein DIN-A4-Blatt ist ein Rechteck mit einer Seitenlänge von 29,7 cm und einer Breite von 21,0 cm. Berechne die Fläche in dm².

10. Der Bildschirm eines Notebooks ist 28,5 cm breit und 21,2 cm hoch. Berechne die Fläche.

11. Eine 8,20 m lange Wohnzimmerwand soll neu tapeziert werden. Wie viel m² Tapete sind erforderlich, wenn die Wand eine Höhe von 2,50 m hat?

12. Ein Rechteck hat einen Umfang von 2 654 mm. Welche Breite hat die Fläche, wenn ihre Länge 864 mm beträgt?

13. Ein rechteckiges Grundstück hat einen Umfang von 99,40 m. Welche Länge hat das Grundstück, wenn auf seine Breite 14,50 m entfallen?

14. Welche Breite hat eine 7,20 m lange Terrasse, deren Flächeninhalt 27,36 m² beträgt?

15. Herr Toll hat in einem 5,80 m breiten Raum 40 m² Teppichboden verlegt. Welche Länge hat der Raum?

16. Eine 13,80 m lange rechteckige Halle hat einen Umfang von 49,60 m. In der Halle wird ein neuer Fußboden verlegt. Berechne die Fläche des Bodens.

17. Ein DIN-A0-Format ist ein Rechteck, das 1 189 mm lang und 841 mm breit ist. Berechne den Flächeninhalt in m².

Ergebnisse (ohne Einheiten): 1; 2,17; 3,80; 6,24; 6,90; 14,58; 20,48; 20,50; 25,2; 32,76; 35,20; 97,60; 126; 151,80; 463; 483; 604,20; 810; 3 018.

Das **Parallelogramm** ist ein Viereck, in dem die gegenüberliegenden Seiten parallel verlaufen.

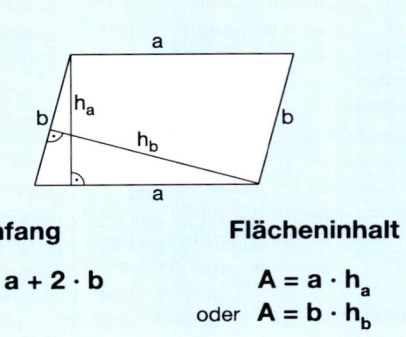

Umfang	Flächeninhalt
$u = 2 \cdot a + 2 \cdot b$	$A = a \cdot h_a$
	oder $A = b \cdot h_b$

Das **Trapez** ist ein Viereck, in dem zwei Seiten parallel zueinander verlaufen.

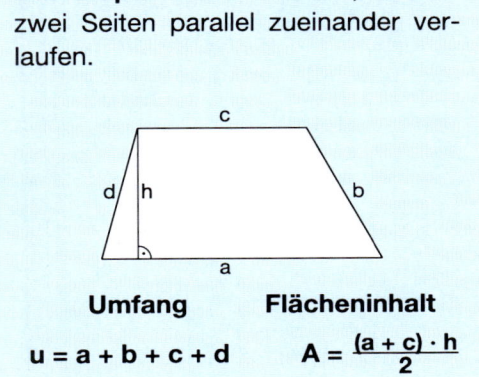

Umfang	Flächeninhalt
$u = a + b + c + d$	$A = \dfrac{(a + c) \cdot h}{2}$

1. In einem Parallelogramm sind die Seitenlängen a = 78 mm und b = 42 mm lang. Die Höhe h_a hat eine Länge von 39 mm. Berechne den Umfang und den Flächeninhalt.

2. Eine Holzplatte hat die Form eines Parallelogramms. Die Seite a ist 124,1 cm und b = 72,2 cm lang. Die Höhe h_b beträgt 99,7 cm. Welchen Umfang und welchen Flächeninhalt hat die Platte?

3. Berechne den Umfang eines Spielplatzes, deren Fläche die Form eines Parallelogramms hat. Die parallelen Seiten sind 16,40 m und 9,80 m lang.

4. Eine lange Garagenzufahrt hat die Form eines Parallelogramms. Die längere Seite ist 17,50 m und die kürzere 3,40 m. Berechne die Fläche der Zuwegung, wenn sie eine Breite von 3 m hat.

5. Ein Grundstück hat die Form eines Parallelogramms. Zwischen den längeren Seiten, die jeweils 39,80 m lang sind, ist das Grundstück 25 m breit. Die schmaleren Seiten der Fläche sind 26,20 m lang. Welchen Umfang und welchen Flächeninhalt hat das Grundstück?

6. Der Umfang eines Parallelogramms beträgt 184,20 cm. Welche Seitenlänge b hat das Parallelogramm, wenn die Seitenlänge a = 40,75 cm beträgt.

7. Ein Parallelogramm hat einen Flächeninhalt von 6 120 mm². Berechne die fehlende Seite a und den Umfang, wenn die Höhe $h_a = 40$ mm und Seite b = 71 mm beträgt.

8. Ein Trapez hat die Seiten a = 76 mm, b = 25 mm, c = 41 mm und d = 34 mm. Berechne den Umfang.

9. Bei einer Trapezfläche sind die parallel verlaufenden Seiten 8,7 cm und 6,3 cm lang. Die Höhe beträgt 5,2 cm. Welchen Flächeninhalt hat das Trapez?

10. Die parallelen Seiten eines Tapezes verlaufen in einem Abstand von 4,1 cm. Sie sind 12,3 cm und 7,9 cm lang. Bestimme den Flächeninhalt.

11. Ein 7,80 m hoher Deich ist oben 8,40 m und unten 24,50 m breit. Berechne seine Querschnittsfläche.

12. Ein Eisenbahndamm hat eine Querschnittsfläche von 28,56 m². Welche Höhe hat der Damm, wenn er oben 6,40 m und unten 14 m breit ist?

13. Der Umfang eines Trapezes beträgt 46,2 cm. Eine Seite hat eine Länge von 12,1 cm. Die parallelen Seiten sind zusammen 27,2 cm lang. Welche Länge hat die fehlende Seite?

14. Herr Proll will auf dem Dachboden eine 2,40 m hohe trapezförmige Wandfläche streichen, die unten 9,20 m und oben 3,30 m breit ist. Welche Fläche muss er streichen, wenn sich in der Wand eine 2,10 m² große Türfläche befindet?

15. Bei einem gleichschenkligen Trapez sind die beiden nicht parallelen Seiten gleich lang. Wie lang ist jede dieser Seiten, wenn der Umfang 294 mm beträgt und die parallelen Seiten 114 mm und 28 mm lang sind?

Ergebnisse (ohne Einheiten): 2,80; 6,9; 12,90; 39; 41,41; 51,35; 52,40; 52,50; 76; 128,31; 132; 153; 176; 240; 392,6; 448; 995; 3 042; 7 198,34.

Das **Dreieck** ist eine Figur, die aus drei Punkten gebildet wird, die nicht auf einer Geraden liegen.

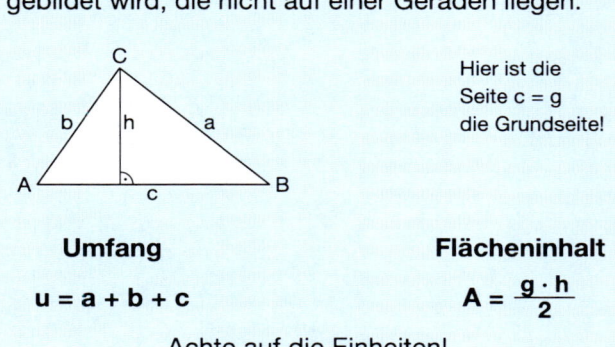

Hier ist die Seite c = g die Grundseite!

Umfang

$u = a + b + c$

Flächeninhalt

$A = \dfrac{g \cdot h}{2}$

Achte auf die Einheiten!

1. Berechne den Umfang eines Dreiecks, dessen Seiten a = 35 mm, b = 52 mm und c = 84 mm lang sind.

2. Welchen Umfang hat ein gleichseitiges Dreieck mit der Seitenlänge a = 12,84 m?

3. Um eine dreieckige Fläche soll eine schwarze Linie gezeichnet werden. Berechne ihre Länge, wenn die Seitenlängen a = 1,44 m, b = 93 cm und c = 1,57 m betragen.

4. Berechne den Flächeninhalt eines Dreiecks, bei dem die Grundseite g = 9,3 dm und die Höhe h = 7,6 dm ist.

5. Die Giebelseite eines Nurdachhauses ist 10,80 m breit und 7,10 m hoch. Berechne die Giebelfläche.

6. In der Spitze eines Dachgiebels befindet sich ein 2,20 m breites und 90 cm hohes Fenster. Berechne die Fläche.

7. Ein Geodreieck ist ein gleichschenkliges Dreieck. Es hat eine Grundseite von 16 cm und eine Höhe von 7,9 cm. Die beiden Schenkel des Dreieck sind jeweils 11,2 cm lang. Welchen Umfang und welchen Flächeninhalt hat es?

8. Ein Tischler fertigt eine dreieckige Arbeitsplatte an. Sie hat eine Grundseite von 2 m und eine Höhe von 0,75 m. Wie teuer wird die Platte, wenn für 1 m² Arbeitsplatte 28,– € berechnet werden?

9. Ein dreieckiges Beet mit einer Grundseite von 15,20 m und einer Höhe von 10 m soll mit Rosen bepflanzt werden. Wie viele Pflanzen werden bestellt, wenn auf einen Quadratmeter 4 Rosen gesetzt werden?

10. Ein Verkehrszeichen hat die Form eines gleichseitigen Dreiecks. Die Seitenlänge beträgt 860 mm und die Höhe 745 mm. Berechne den Umfang in Metern und den Flächeninhalt des Schildes in Quadratmetern.

11. Ein Dreieck, dessen Grundseite 34,2 cm lang ist, hat einen Flächeninhalt von 342 cm². Welche Höhe hat die Fläche?

12. Ein Haus mit einem Satteldach hat durch einen Dachausbau eine Gaube bekommen. Ihre beiden Seitenflächen sollen wie die Hauswände geputzt werden. Welche Fläche muss insgesamt geputzt werden?

13. Welche Seitenlänge hat ein gleichseitiges Dreieck, das einen Umfang von 156,45 m hat?

14. Ein Geodreieck hat einen Flächeninhalt von 156,25 cm². Wie lang ist die Grundseite, wenn die Höhe 12,5 cm beträgt?

15. Eine 6,3 cm lange Diagonale teilt ein Parallelogramm in zwei gleich große Dreiecke, deren Höhe 1,7 cm beträgt. Welche Fläche hat das Parallelogramm?

Ergebnisse (ohne Einheiten): 0,32; 0,99; 2,58; 3,94; 4,44; 10,71; 20; 21; 25; 35,34; 38,34; 38,4; 38,52; 52,15; 63,2; 171; 304.

Der **Kreis** ist die Menge aller Punkte, die von einem Punkt M die gleiche Entfernung haben.

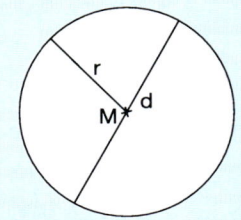

M = Mittelpunkt
r = Radius
d = Durchmesser

Umfang

$u = \pi \cdot d$

oder $u = \pi \cdot 2 \cdot r$

Flächeninhalt

$A = \pi \cdot r^2$

oder $A = \pi \cdot \dfrac{d^2}{4}$

Rechne mit $\pi = 3{,}14$.

Bei einigen Ergebnissen musst du sinnvoll runden (zwei Dezimalstellen).

1. Eine CD hat einen Durchmesser von 12 cm. Berechne den Umfang und den Flächeninhalt der CD.

2. Eine runde Tischplatte hat einen Durchmesser von 0,90 m. Welchen Umfang und welchen Flächeninhalt hat sie?

3. Das Rost eines runden Holzkohlengrills hat einen Durchmesser von 4,5 dm. Berechne die Fläche, auf der gegrillt werden kann.

4. Mary zeichnet in ihr Hausaufgabenheft einen Kreis mit einem Radius von 5,7 cm. Sie soll den Umfang und den Flächeninhalt für diesen Kreis berechnen. Zu welchen Ergebnissen muss sie kommen?

5. Ein Gärtner legt ein rundes Beet mit einem Radius von 3,20 m an. Für die Bepflanzung ist der Umfang und der Flächeninhalt zu bestimmen.

6. Die Wasseroberfläche eines Brunnens hat einen Durchmesser von 0,86 m. Welche Fläche hat sie?

7. Um eine kreisförmige Holzplatte mit einem Durchmesser von 42 cm soll ein Furnierstreifen geleimt werden. Welche Länge muss der Streifen mindestens haben?

8. Welche Strecke legt ein Rad mit einem Radius von 9,5 cm mit einer Umdrehung zurück?

9. Herr Meyer hat ein rundes Schwimmbecken mit einem Durchmesser von 1,50 m. Das Schwimmbecken seines Nachbarn hat einen Durchmesser von 3,00 m. Berechne beide Flächen und vergleiche ihre Größe.

10. Berechne die weiße Fläche, wenn der Durchmesser 8 cm beträgt.

11. Welchen Durchmesser hat ein Kreis, dessen Umfang 47,10 m beträgt?

12. Welche Seitenlänge muss eine quadratische Blechplatte mindestens haben, wenn aus ihr eine Kreisscheibe mit einem Umfang von 94,2 cm hergestellt werden soll?

13. Berechne für einen Kreis mit einem Flächeninhalt von 452,16 cm² den Radius.

14. Welchen Durchmesser hat ein Holzbohrer, wenn er ein 78,5 mm² großes Bohrloch erzeugt?

Ergebnisse (ohne Einheiten): 0,58; 0,64; 1,77; 2,83; 4; 7,07; 10; 12; 15; 15,9; 20,10; 25,12; 30; 32,15; 35,8; 37,68; 59,66; 102,02; 113,04; 131,88.

Bei einigen Ergebnissen musst du sinnvoll runden (zwei Dezimalstellen).

1. Ein quadratischer Platz hat eine Seitenlänge von 36,50 m. Berechne den Umfang und den Flächeninhalt.

2. Ein 1,2 km langer gerader Straßenabschnitt mit einer Breite von 9 m erhält einen neuen Belag. Wie viel Quadratmeter werden erneuert?

3. In einem 8,90 m langen und 1,20 m breiten Flur wird die Decke mit Profilholz verkleidet. Wie teuer wird das Holz, wenn 1 m² des Profilholzes 24,– € kostet?

4. Für ein rundes Fenster mit einem Durchmesser von 1,15 m wird eine Glasscheibe bestellt. Wie viel Quadratmeter Glas werden berechnet?

5. Die beiden parallelen Seiten einer trapezförmigen Garageneinfahrt sind 3,00 m und 5,20 m lang. Sie haben einen Abstand von 8,90 m. Welche Fläche hat die Einfahrt?

6. Berechne für die Tischlampen die Umfänge der Lampenschirme.

7. Auf einem Grundstück führt ein Weg zum Haus, dessen Fläche ein Parallelogramm ist. Der Weg ist 9,20 m lang und 1,80 m breit. Die kürzere Seite der Parallelogrammfläche beträgt 2,10 m. Berechne den Umfang und den Flächeninhalt des Weges.

8. Eine Giebelwand hat eine trapezförmige Holzverkleidung, die gestrichen wird. Die parallelen Seiten sind 10,80 m und 3,20 m lang, die Höhe der Fläche beträgt 3,50 m. Für welche Fläche muss die Farbe reichen, wenn der Anstrich doppelt ausgeführt wird?

9. Um ein Dreiecksfenster mit den Seiten a = 1,28 m, b = 1,28 m und c = 1,60 m soll ein Dichtungsband geklebt werden. Wie viel Meter sind erforderlich?

10. Welchen Umfang hat ein Parallelogramm, wenn die längeren Seiten zusammen 48 dm lang sind und die kürzeren zusammen halb so lang wie die längeren Seiten sind?

11. Ein kleiner Schreibblock besteht aus 50 Blättern, die 13,3 cm hoch und 10,4 cm breit sind. Welche Fläche steht insgesamt zum Beschreiben zur Verfügung?

12. Zur Erneuerung eines Bodenbelags werden 340 quadratische PVC-Platten bestellt. Wie viel Quadratmeter können erneuert werden, wenn die Seitenlänge der Platten 0,30 m beträgt?

13. Mark düngt eine rechteckige Rasenfläche, die 24 m lang und 15 m breit ist. Wie viel kg Dünger benötigt er, wenn er 1 kg für 10 m² verbraucht?

14. Wie viele quadratische Platten mit einer Seitenlänge von 25 cm braucht man für eine rechteckige Terrasse, die eine Fläche von 18 m² hat?

15. Der Umfang einer runden Vasenöffnung beträgt 22 cm. Welchen Durchmesser kann ein Blumenstrauß, der in diese Vase passt, höchstens haben?

16. Ein Schuppen mit einem Pultdach hat eine Seitenfläche von 6,30 m². Die Höhe des Schuppens beträgt vorne 2,35 m und hinten 1,85 m. Welche Länge hat der Schuppen?

17. Aus einem Blechstreifen, der 1,25 m lang und 40 cm breit ist, werden 48 Kreisflächen mit einem Durchmesser von 10 cm ausgestanzt. Berechne den Abfall in cm².

18. Welchen Flächeninhalt hat das größtmögliche Quadrat in einem Kreis, dessen Radius 10 cm beträgt? Hinweis: Fertige eine Skizze an, in die du die beiden Diagonalen einzeichnest.

19. Aus einer quadratischen Holzplatte mit einer Seitenlänge von 68 cm wird eine Kreisfläche von 50 cm Durchmesser ausgesägt. Berechne die verbleibende Holzfläche.

Ergebnisse (ohne Einheiten): 1,04; 3; 4,16; 7; 16,56; 22,60; 30,6; 36; 36,11; 36,49; 49; 72; 84,78; 115,55; 146; 200; 288; 256,32; 1 232; 1 332,25; 2 661,5; 6 916; 10 800.

1. In einer zweiteiligen Glastür ist im unteren Teil die Scheibe zerbrochen. Wie viel Quadratmeter Glas sind zu ersetzen, wenn die Scheibe 85 cm lang und 60 cm hoch ist?

2. Lisa hat einen Kreis mit einem Umfang von 43,96 cm gezeichnet. Welchen Radius hatte sie an in ihrem Zirkel eingestellt?

3. In einem Badezimmer hängt ein Schrank mit drei quadratischen Spiegeln. Jeder dieser Spiegel hat eine Seitenlänge von 41,5 cm. Wie viel Quadratmeter Spiegelfläche steht zur Verfügung?

4. Die Grundfläche eines Prismas ist ein gleichseitiges Dreieck mit einer Seitenlänge von 40 mm und einer Höhe von 38 mm. Berechne den Umfang in cm und den Flächeninhalt in cm².

5. Familie Mügge hat einmal im Monat die Aufgabe, die Treppe im Hauseingang zu wischen. Jede der 24 Stufen ist 2,20 m lang und 0,40 m breit. Welche Treppenfläche muss gewischt werden?

6. Ein Flügel eines Windrades hat vom Mittelpunkt bis zur Spitze gemessen eine Länge von 38 m. Welche Strecke legt die Spitze des Flügels bei einer Umdrehung zurück?

7. Welchen Umfang hat eine rechteckige Fläche, wenn eine Seite 17,8 cm lang ist und der Flächeninhalt 436,10 cm² beträgt?

8. Von einer 2,50 m langen und 1,25 m breiten Fläche werden vier Fünftel der Fläche mit einem Werbeplakat beklebt. Wie groß ist diese Fläche?

9. Eine Autozeitung hat 76 Seiten, die 22,7 cm breit und 31,8 cm hoch sind. Wie viel Quadratmeter Papier wurde für diese Ausgabe bedruckt?

10. Ein Dachdecker erhält den Auftrag, auf einem Turm das Dach neu einzudecken. Das Dach besteht aus vier 6,40 m hohen Dreiecksflächen. Die Grundfläche des Turms ist ein Quadrat mit einer Seitenlänge von 8,20 m. Welche Fläche hat das Dach?

11. Wie oft muss sich ein Rad mit einem Durchmesser von 0,70 m drehen, um eine Strecke von 1 km zurückzulegen? Runde ganzzahlig.

12. Ein Sprossenfenster besteht aus 12 quadratischen Glasscheiben, von denen jede eine Fläche von 9 dm² hat. Wie viel Quadratmeter Glasfläche hat das Fenster insgesamt?

13. Welchen Durchmesser hat ein Rad, das einen Umfang von 2 m hat?

14. Berechne die Ackerflächen in Hektar.

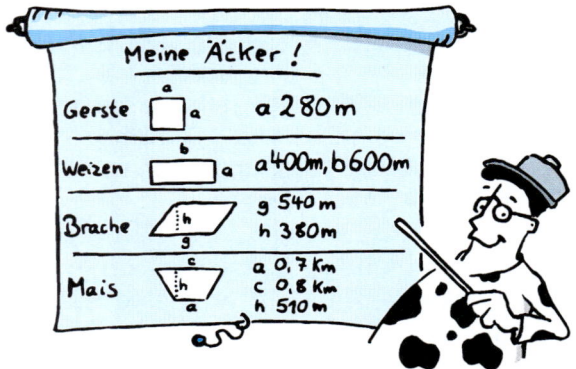

15. Ein 8 m hoher Deich hat eine Querschnittsfläche 176 m². Oben ist er 5,20 m breit. Wie breit ist er unten?

16. Ein 4,50 m langer und 3,20 m breiter Weg wird mit Steinen gepflastert, die 2 dm lang und 1 dm breit sind. Wie viele Steine werden gebraucht?

17. Wie viele Personen können an einem runden Tisch Platz nehmen, wenn der Tisch einen Durchmesser von 1,20 m hat und man pro Person 75 cm Kantenlänge einplant? Runde ganzzahlig.

18. Ein 2 m breiter Weg verläuft schräg mit einer Länge von 29,50 m durch ein rechteckiges Grundstück. Welche Fläche verbleibt dem Grundstück, wenn es ohne Weg eine Größe von 986 m² hat?

19. Auf einem quadratischen Platz liegen 10 000 quadratische Steinplatten mit einer Seitenlänge von 50 cm. Welchen Umfang hat der Platz?

20. Wenn auf einem Kreisumfang sechsmal der Radius abgetragen wird, entsteht durch Verbinden der Punkte ein regelmäßiges Sechseck, das sich so halbieren lässt, dass zwei Trapeze entstehen. Man verbindet dazu zwei gegenüberliegende Punkte. Welchen Umfang hat jedes der beiden Trapeze, wenn der Radius des Kreises 5 cm beträgt?

Ergebnisse (ohne Einheiten): 0,51; 0,52; 0,64; 1,08; 2,50; 5; 5,49; 7; 7,84; 7,60; 12,0; 20,52; 21,12; 24; 25; 38,25; 38,80; 84,6; 104,96; 200; 238,64; 455; 720; 927.

Der Würfel

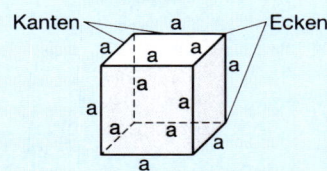

Kanten — Ecken

Kennzeichen:
- **6** gleich große Seitenflächen
- **12** gleich lange Kanten
- **8** Ecken

Volumen des Würfels:

$$V = a \cdot a \cdot a \text{ oder } V = a^3$$

Volumen = Länge · Breite · Höhe

Oberfläche des Würfels:

$$O = 6 \cdot a \cdot a \text{ oder } O = 6 \cdot a^2$$

Oberfläche = sechs · Länge · Breite

Beachte: Beim Würfel sind Länge, Breit und Höhe immer gleich lang.

1. Ein Holzwürfel hat eine Kantenlänge von 2,5 cm. Bestimme seine Oberfläche und sein Volumen.

2. Helen erhält die ausgestanzten Würfelnetze. Sie soll jeweils gegenüberliegende Flächen mit der gleichen Farbe streichen.

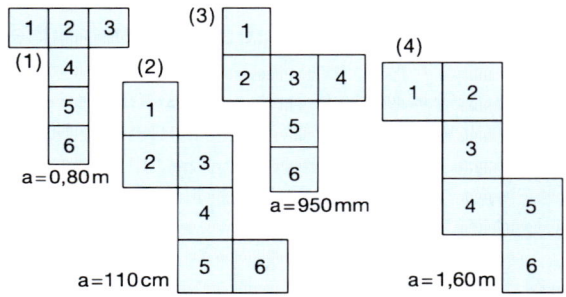

a) Welche Flächen bekommen jeweils den gleichen Farbanstrich?
b) Wie groß ist jeweils die Oberfläche der Würfel in Quadratmetern?
c) Wie groß ist jeweils das Volumen der Würfel in Kubikdezimetern?

3. Der Würfel eines Zauberers hat eine Kantenlänge von 1,20 m. Bestimme seine Oberfläche und sein Volumen (die Dicke des Materials bleibt unberücksichtigt).

4. Ein Würfel hat eine innere Kantenlänge von 80 cm. In ihm werden Würfel mit einer Kantenlänge von 5 cm gestapelt. Wie viele Würfel passen hinein?

5. Ein würfelförmiger Behälter hat eine innere Kantenlänge von 70 cm. Berechne seinen Rauminhalt in Litern.

6. Wie viel Liter passen in einen Würfel mit einer inneren Kantenlänge von 20 cm?

7. In der Aula steht ein würfelförmiger Unterbau für die Lautsprecher. Er hat eine Kantenlänge von 90 cm. Wie viel Quadratmeter müssen gestrichen werden, wenn nur die sichtbaren Flächen gestrichen werden sollen?

8. Die Kantenlänge eines Würfels wird von 6 cm auf 24 cm vervierfacht. Wie viel mal größer wird die Oberfläche und wie viel mal größer wird das Volumen?

9. Ein Würfel aus massivem Aluminium hat eine Kantenlänge von 110 cm. Berechne sein Gewicht, wenn du weißt, dass 1 m³ Aluminium 2,7 t wiegt.

10. Sabine hat 125 kleine Würfel mit einer Kantenlänge von 2 cm. Sie behauptet, dass sie diese Würfel zu einem neuen großen Würfel aufstapeln kann. Bestimme die Kantenlänge, die Oberfläche und das Volumen des großen Würfels.

11. Fritz behauptet: „Ein Würfel hat vorne 4 Kanten, hinten 4 Kanten, links 4 Kanten, rechts 4 Kanten, oben 4 Kanten und unten 4 Kanten." Also insgesamt 24 Kanten. Hat er Recht?

12. Herr Diem möchte einen Würfel mit einer Kantenlänge von 75 cm basteln. Die Holzplatten, die er verwendet, sind 2 cm stark. Er lässt sich 2 quadratische Platten mit 75 cm Seitenlänge zuschneiden.
a) Welche Seitenlängen müssen die anderen Platten haben?
b) Welche Kantenlänge hat der Würfel innen?
c) Bestimme das innere Volumen und das Gesamtvolumen des Würfels.
d) Bestimme die Oberfläche des Würfels.

Ergebnisse: 1,728; 3,594; 3,84; 4,05; 5,42; 7,26; 8; 8,64; 10; 15,36; 15,625; 16; 37,5; 64; 71; 71; 75; 343; 512; 600; 857,375; 1 000; 1 331; 4 096; 4 096, 33 750; 357 911; 421 875.

Der Quader

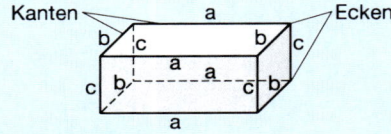

Kanten — Ecken

Kennzeichen:

- **6** rechteckige Flächen, von denen je zwei gleich groß sind
- **12** Kanten, von denen je 4 gleich lang sind
- **8** Ecken

Volumen des Quaders:

$$V = a \cdot b \cdot c \quad \text{oder} \quad V = a \cdot b \cdot k$$

Volumen = Länge · Breite · Höhe

Beachte: Die Kante c nennt man auch die Körperhöhe **k**.

Oberfläche des Quaders:

$$O = 2 \cdot a \cdot b + 2 \cdot a \cdot c + 2 \cdot b \cdot c$$

oder

$$O = 2 \cdot (a \cdot b + a \cdot c + b \cdot c)$$

1. a) Ein Mauerstein ist 24 cm lang, 11,5 cm breit und 11 cm hoch. Berechne sein Volumen.
b) Ein Maurer hat an einem Tag 450 Steine vermauert. Wie viel Kubikmeter Wand sind mindestens entstanden?

2. Ein Regalbrett ist 80 cm lang, 24 cm breit und 3 cm dick. Wie schwer ist es, wenn 1 Kubikdezimeter 0,5 kg wiegt?

3. Nina hat zu ihrem Geburtstag einen Sandkasten bekommen, der 1,20 m lang, 0,90 m breit und 40 cm tief ist. Er soll beim ersten Mal randvoll aufgefüllt werden. Wie viel Kubikmeter Sand müssen bestellt werden?

4. Markus kauft 8 Regalbretter aus Buchenholz. Sie sind 60 cm lang, 25 cm breit und 2 cm hoch.
a) Wie viel Kubikdezimeter Holz hat er gekauft?
b) Wie schwer sind die Bretter, wenn 1 Kubikdezimeter Buchenholz 0,72 kg wiegt?

5. Ein Swimmingpool ist 15 m lang, 10 m breit und 1,90 m tief.
a) Wie viel Liter Wasser kann er aufnehmen, wenn er randvoll ist?
b) Er wird nur bis 10 cm unter den Rand gefüllt. Wie viel Liter Wasser werden dadurch pro Füllung gespart?

6. Ein Wohnraum ist 8,20 m lang, 4,50 m breit und 2,50 m hoch. Wie viel Kubikmeter Luft enthält er?

7. Welche Oberfläche hat ein Holzbalken, der 9,70 m lang, 30 cm breit und 50 cm hoch ist?

8. Wie schwer ist eine Eisenplatte mit einer Grundfläche von 2,50 m² und 2 cm Dicke, wenn ein Kubikdezimeter 7,25 kg wiegt?

9. Frau und Herr Pomberg heben einen Graben für den Wasseranschluss aus. Er ist 12,50 m lang, 0,90 m breit und 1,10 m tief. Wie viel Kubikmeter Erde haben sie ausgehoben?

10. Maik soll die 24 Dachsparren für das Dach eines Hauses von allen Seiten streichen. Sie sind 6,20 m lang, 8 cm breit und 15 cm hoch. Er hat für 50 m² Farbe. Wird sie reichen?

11. Frau Adler soll 150 Pflastersteine holen, die 20 cm lang, 10 cm breit und 5 cm hoch sind. Kann sie alle Steine auf einmal mitnehmen, wenn 1 m³ der Steine 2200 kg wiegt und sie 350 kg zuladen darf?

12. In einem Klassenraum stehen 8 quaderförmige Säulen, die 40 cm lang, 30 cm breit und 3 m hoch sind. Alle sichtbaren Flächen sollen gestrichen werden. Für wie viel Quadratmeter muss Farbe besorgt werden?

13. Wie schwer ist ein Goldbarren, der 10 cm lang, 5 cm breit und 4 cm hoch ist, wenn 1 cm³ Gold 19,25 g wiegt?

14. Marcel hat sich ein Aquarium gekauft, das 80 cm lang, 35 cm breit und 50 cm hoch ist. Wie viel Liter Wasser muss er einfüllen, wenn das Wasser 45 cm hoch stehen darf?

15. Wie hoch ist ein Quader, der eine Grundfläche von 32 cm² und ein Volumen von 144 cm³ hat?

16. Wie breit ist ein Quader, der ein Volumen von 1 716 cm³ hat, 13 cm lang und 11 cm hoch ist?

17. Wie hoch ist ein 12,50 m langer und 8 m breiter Swimmingpool mit Wasser gefüllt, wenn er 150 000 *l* enthält?

Ergebnisse (ohne Einheiten): 0,432; 1,366; 1,50; 2,88; 4,5; 12; 12,096; 12,375; 15,82; 17,28; 24; 62,928; 92,25; 126; 330; 362,5; 3 036; 3 850; 15 000; 285 000.

Gerade Prismen (Säulen)

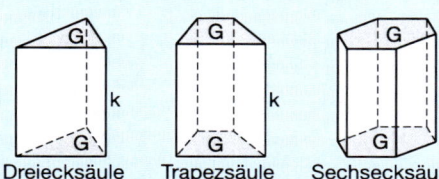

Dreiecksäule   Trapezsäule   Sechsecksäule

- Bei einer Säule sind Grund- und Deckfläche immer gleich (**G**)
- Die Seitenflächen sind Rechtecke
- Die Seitenflächen bilden zusammen die Mantelfläche der Säule

Für alle Säulen gilt:

$$M = u \cdot k$$

Mantelfäche = Umfang · Körperhöhe

$$O = 2 \cdot G + M \quad \text{bzw.} \quad O = 2 \cdot G + u \cdot k$$

Oberfläche = 2 mal Grundfläche + Mantelfläche

$$V = G \cdot k$$

Volumen = Grundfläche · Körperhöhe

Beachte: Eine Säule kann jede beliebige Grundfläche haben. Hier sind nur 3 Möglichkeiten dargestellt. Auch ein Würfel und ein Quader sind Säulen.

1. Die Grundfläche eines Prismas beträgt 124 cm^2 und die Körperhöhe ist 24 cm. Berechne das Volumen.

2. Der Umfang eines Prismas beträgt 47,5 cm. Berechne die Mantelfläche, wenn die Körperhöhe 14 cm ist.

3. Die Grundfläche eines Prismas beträgt 55 cm^2. Der Umfang ist 52 cm und die Körperhöhe ist 26 cm. Berechne die Mantelfläche, die Oberfläche und das Volumen des Prismas.

4. Ein Schulflur ist 25 m lang, 2,50 m breit und hat eine Höhe von 3,00 m. Ein Maler soll alle Wände streichen. Wie viel Quadratmeter muss er streichen, wenn alle Türflächen 14,5 m^2 einnehmen?

5. Der Querschnitt eines Deiches hat die Form eines Trapezes. Er ist unten 22,30 m breit und oben 9,70 m. Er hat eine Höhe von 8,40 m. Wie viel Kubikmeter Erde wurden dafür aufgeschüttet, wenn er 500 m lang ist?

6. Ein Gartentisch hat als Unterbau einen massiven Holzfuß, der eine Grundfläche von 0,25 m^2 und eine Höhe von 75 cm hat. Seine Platte ist ein regelmäßiges Sechseck, das eine Grundfläche von 1,40 m^2 hat und 2 cm dick ist. Berechne das gesamte Volumen des Holzes in Kubikdezimetern.

7. Herr Demir will auf einer Seite seines Hauses eine Drainage verlegen. Dazu muss er einen 12 m langen Graben ausheben, der oben eine Breite von 1,60 m und unten eine Breite von 90 cm hat. Insgesamt ist er 2 m tief. Wie viel Kubikmeter Erde muss er ausschaufeln?

8.

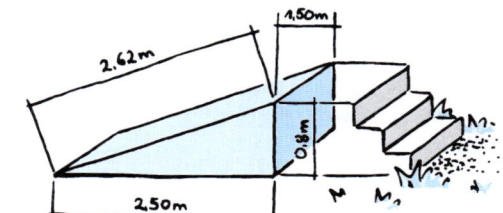

Für einen behindertengerechten Aufgang soll die Rampe aus Beton an die Treppe angegossen werden. Wie viel Kubikmeter Beton sind erforderlich?

9. In einer Pausenhalle stehen insgesamt 12 fünfeckige Säulen, die jeweils einen Umfang von 1,75 m haben. Sie haben eine Höhe von 3,20 m. Wie viel Quadratmeter werden gestrichen, wenn alle sichtbaren Flächen der Säulen einen Anstrich erhalten sollen?

10. Ein gerades Prisma hat einen Umfang von 6,2 dm und eine Länge von 75 cm. Wie viel Quadratzentimeter farbiges Papier wird zum Bekleben der Seitenflächen gebraucht?

11. Wie hoch ist eine Säule, die ein Volumen von 1807,2 cm^3 und eine Grundfläche von 125,5 cm^2 hat?

12. Welchen Umfang hat eine Säule, die 3,20 m hoch ist und 2,72 m^2 Mantelfläche hat?

13. Berechne das Volumen einer Säule, die eine Grundfläche von 92 cm^2, einen Umfang von 42 cm und eine Mantelfläche von 483 cm^2 hat.

14. Berechne die Mantelfläche einer Säule, die eine Grundfläche von 126 cm^2, einen Umfang von 75 cm und ein Volumen von 1789,2 cm^3 hat.

Ergebnisse (ohne Einheiten): 0,85; 1,5; 14,4; 28; 30; 150,5; 215,5; 665; 1 058; 1 065;1 352; 1 430; 1 462; 2 976; 4 650; 67 200.

Der Zylinder

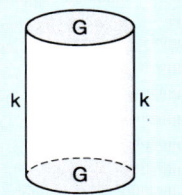 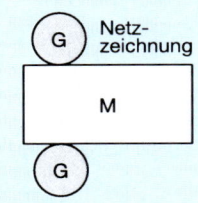

Netz-
zeichnung

Kennzeichen:
- runde deckungsgleiche Grundflächen
- der aufgeschnittene Mantel ist ein Rechteck

Volumen des Zylinders:

$$V = G \cdot k$$

$$V = \pi \cdot r^2 \cdot k$$

Mantelfläche des Zylinders:

$$M = u \cdot k$$

$$M = \pi \cdot d \cdot k$$

Oberfläche des Zylinders:

$$O = 2 \cdot G + M$$

$$O = 2 \cdot \pi \cdot r^2 + \pi \cdot d \cdot k$$

Hinweis: Rechne mit $\pi = 3{,}14$.

1. Eine Litfasssäule hat eine Höhe von 3,10 m und einen Durchmesser von 2,10 m. Wie viel Quadratmeter Werbefläche stehen zur Verfügung?

2. Eine Konservendose hat einen Durchmesser von 15 cm und ist 12 cm hoch. Wie viel Quadratzentimeter Papier werden zum Bekleben der Mantelfläche benötigt?

3. Eine zylinderförmige Regentonne hat einen Durchmesser von 80 cm und eine Höhe von 1,20 m. Wie viel Kubikdezimeter Wasser kann sie aufnehmen?

4. Eine zylinderförmige Verpackung hat einen Durchmesser von 6 cm und eine Länge von 18 cm. Wie viel Pappe wurde für die Herstellung benötigt?

5. Eine Konservendose hat einen Durchmesser von 8 cm und eine Höhe von 15 cm. Wie viel Quadratmeter Blech wird man zur Herstellung von 5 000 Dosen benötigen?

6. Wie viel Quadratmeter Blech benötigt man zur Herstellung einer Regentonne, die einen Durchmesser von 80 cm und eine Höhe von 1,20 m hat?

7. Die Rolle einer Straßenwalze hat eine Breite von 1,10 m und einen Durchmesser von 0,80 m. Welche Fläche walzt sie mit 40 Umdrehungen?

8. Wie viel Kubikmeter Erde müssen Nina und ihr Vater mindestens für einen Kanalschacht ausheben, der einen Durchmesser von 80 cm hat und 2,50 m tief ist?

9. Welche Höhe hat eine Dose, die eine Mantelfläche von 147 cm² und einen Umfang von 17,5 cm hat?

10. Wie viel Milliliter Wasser stehen in einem Kupferrohr mit einen inneren Durchmesser von 12 mm und einer Länge von 15 m?

11. Eine elektrische Leitung hat eine Querschnittsfläche von 1,5 mm². In einem Kabel befinden sich 5 solche Leitungen. Wie viel Kubikzentimeter Kupfer wurden für die Herstellung von 50 m Kabel benötigt?

12. Maik behauptet, dass eine Dose mit einem Durchmesser von 12 cm und einer Höhe von 6 cm das gleiche Volumen wie eine Dose mit einem Durchmesser von 6 cm und einer Höhe von 12 cm hat. Hat er Recht?

13. Ein Zylinder hat einen Radius von 4 cm und ist 12 cm lang.
    a) Bestimme sein Volumen.
    b) Welches Volumen haben Zylinder mit dem doppelten und dem dreifachen Radius?
    c) Kannst du eine Regel finden, die so anfängt: Verdoppelt man den Radius, so …

14.

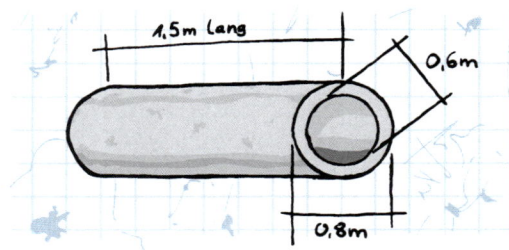

Wie viel Kubikmeter Beton werden zur Herstellung von 50 der abgebildeten Röhren benötigt?

Ergebnisse (ohne Einheiten): 1,256; 4,02; 8,4; 16,485; 20,44; 110,53; 238,64; 339,12; 375; 395,64; 565,2; 602,88; 602,88; 678,24; 1 695,6; 2 411,52; 5 425,92.

1. Eine Konservendose hat eine Grundfläche von 26,8 cm². Berechne ihr Volumen, wenn sie 15 cm hoch ist.

2. Die vier Seitenteile eines Bücherregals sind 2,20 m lang, 30 cm breit und 3 cm hoch. Berechne das Volumen der Seitenteile in Kubikdezimeter.

3. Eine CD-Hülle ist 14 cm lang, 12,5 cm breit und 1,1 cm hoch. Welches Volumen benötigen 14 000 Hüllen in Kubikmeter?

4. Ein 25 km langer Kanalabschnitt hat folgenden Querschnitt.

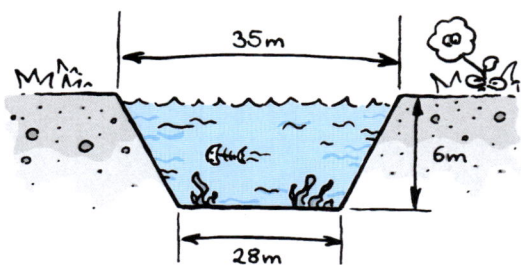

   Wie viel Kubikmeter Wasser enthält er?

5. Neben dem Kanal ist ein Fahrradweg angelegt. Er ist 2,50 m breit. Die Betonsteine sind 6 cm hoch. Wie viel Kubikmeter Beton wurden zur Herstellung der Steine benötigt? (Fugen nicht berücksichtigt)

6. Wie hoch ist eine quadratische Betonplatte, die eine Grundfläche von 400 cm² und ein Volumen von 5 000 cm³ hat?

7. Eine Säule hat ein regelmäßiges Fünfeck als Grundfläche. Eine Kante ist 45 cm lang. Wie groß ist die Mantelfläche der Säule, wenn sie 3,40 m hoch ist?

8. Es werden 10 000 Unterlegscheiben hergestellt, die einen äußeren Radius von 2,5 cm und einen inneren Radius von 1,5 cm haben. Sie sind 2 mm dick. Berechne das Gesamtvolumen in Kubikdezimeter.

9. Wie groß ist die Grundfläche eines Quaders, der ein Volumen von 1,92 m³ und eine Höhe von 1,6 m hat?

10. Wie viel Kubikmeter Asphalt müssen für die Erneuerung einer 450 m langen und 11,20 m breiten Straße angefahren werden, wenn der Asphalt eine Stärke von 8 cm haben soll?

11. Wie hoch ist eine Säule, die eine Mantelfläche von 18,2 m² und einen Umfang von 6,50 m hat?

12. Ein Schwimmbecken wird vom Nichtschwimmerbecken zum Schwimmerbecken gleichmäßig tiefer. Der Längsschnitt hat die Form eines Trapezes. Es ist 50 m lang und 20 m breit. Zu Beginn hat es eine Tiefe von 0,80 m und am Ende von 3,20 m. Wie viel Kubikmeter Wasser enthält es, wenn es bis zum Rand gefüllt wird?

13. Eine Säule, die ein gleichseitiges Dreieck als Grundfläche hat, ist 3,00 m hoch. Eine Kante der Grundseite ist 80 cm lang. Berechne die Oberfläche und das Volumen der Säule, wenn die Grundfläche 2 772 cm² beträgt.

14. Aus einer quadratischen Säule, die 2,20 m lang ist und eine Grundkante von 20 cm hat, wird der größtmögliche Zylinder herausgedreht. Berechne den Abfall in Kubikdezimeter.

15. Aus einem Quader, der 12 cm lang, 9 cm breit und 60 cm hoch ist, wird der größtmögliche Zylinder herausgedreht. Berechne sein Volumen in Kubikzentimeter.

16. Für den Bezug eines Würfels wurden 3,84 m² Stoff gebraucht. Welches Volumen hat dieser Würfel?

17. Von einem Pappkarton ist das Bodenteil 31 cm lang, 26 cm breit und 8 cm hoch. Der Deckel ist 32 cm lang, 27 cm breit und 8 cm hoch. Wie viel Quadratzentimeter Pappe wurden für die Herstellung benötigt? Verschnitt und Überlappungen bleiben unberücksichtigt.

18. Wie hoch ist eine Getränkedose, die 0,3 l enthält und eine Grundfläche von 37,5 cm² hat?

19. Aus einem Quader, der 0,80 m lang, 0,50 m breit und 0,45 cm hoch ist, wird in der Länge ein Zylinder mit einem Durchmesser von 0,40 m herausgebohrt. Bestimme das Volumen des entstandenen Körpers in Kubikdezimetern.

20. Aus einer 2,50 m langen und 19 mm dicken Holzplatte werden 56 Holzleisten gesägt. Berechne das Volumen der Sägespäne in Kubikdezimeter, wenn das Sägeblatt eine Stärke von 4 mm hat.

Ergebnisse (ohne Einheiten): 0,512; 1,2; 2,695; 2,8; 7,65; 8; 10,450; 12,5; 18,92; 25,12; 79,2; 79,52; 375; 402; 403,2; 2 000; 3 686; 3 815; 74 772; 236 250.

Runde ggf. Längen auf eine Stelle, Flächen auf 2 Stellen und Volumina auf 3 Stellen nach dem Komma.

21. Welches Volumen hat eine Säule mit einer Grundfläche von 26,75 dm² und einer Höhe von 2,50 m?

22. Wie groß ist die Mantelfläche einer fünfeckigen Säule, die einen Umfang von 1,25 m und eine Höhe von 3,20 m hat?

23. Ein quaderförmiger Holzbalken hat ein Volumen von 67,5 dm³. Bestimme seine Länge in Meter, wenn er 25 cm lang und 15 cm breit ist.

24. Eine Regentonne hat einen Durchmesser von 1,20 m und eine Höhe von 1,40 m. Sie ist bis 20 cm unter den Rand mit Wasser gefüllt. Berechne die Füllung in Kubikmeter.

25. Ein Quader ist innen 22,5 cm lang, 15,4 cm breit und 9 cm hoch. Sein Innenraum wird durch 3 Platten, die je 5 mm breit sind, in verschiedene Kammern eingeteilt. Berechne das freie Volumen des Innenraums.

26. Wie viel Zentimeter hoch muss ein Topf mindestens sein, wenn er 2 500 cm³ aufnehmen soll und eine Grundfläche von 160 cm² hat?

27. Ein Kupferrohr hat einen inneren Durchmesser von 12 mm und einen äußeren von 16 mm. Es ist 6 m lang. Wie viel Kubikzentimeter Kupfer wurden für die Herstellung benötigt?

28. Eine massive runde Eichenholzplatte hat einen Durchmesser von 1,30 m und eine Dicke von 4 cm. Wie schwer ist sie, wenn 1 dm³ Eichenholz 0,82 kg wiegt?

29. Ein Tränktrog hat eine Länge von 4 m. Sein Querschnitt hat die Form eines Trapezes, das oben 50 cm, unten 30 cm breit und 24 cm hoch ist. Wie viel Liter Wasser kann er aufnehmen, wenn er bis zum Rand gefüllt wird?

30. Der Inhalt einer würfelförmigen Verpackung mit einer Kantenlänge von 10 cm soll in einen Quader umgeschüttet werden, der 12,5 cm lang und 5 cm breit ist. Welche Höhe muss er haben?

31. Welchen Umfang hat eine Säule, die 3,20 m hoch ist und eine Mantelfläche von 5,28 m² hat?

32. Herr Flaake hat eine Garagenauffahrt, die die Form eines Trapezes hat. Sie ist 8,50 m lang, vorne 4,20 m breit und hinten 2,80 m. Er will sie vor dem Pflastern gleichmäßig 26 cm hoch mit Sand auffüllen. Wie viel Kubikmeter muss er bestellen?

33. Eine Verpackung hat die Form einer Dreieckssäule. Wie viel Quadratzentimeter Oberfläche hat sie, wenn die Grundfläche 15,6 cm² beträgt, eine Seite der regelmäßigen Grundfläche 6 cm lang ist und die Verpackung eine Länge von 26 cm hat?

34. In einen quaderförmigen Behälter, der 14 cm lang, 11 cm breit und 75 cm hoch ist, wird ein Zylinder mit einem Durchmesser von 10 cm und einer Länge von 60 cm gestellt. Wie viel Kubikzentimeter sind noch mit Füllmaterial aufzufüllen?

35. Eine regelmäßige siebeneckige Säule hat eine Mantelfläche von 14,7 m² und eine Höhe von 2,80 m. Wie lang ist eine Kante der Grundfläche?

36. Ein Quader ist 4 cm lang, 3 cm breit und 55 cm hoch. Er wird auf der Diagonalen der Grundfläche durchgeschnitten. Berechne die Mantelfläche und die Oberfläche einer entstandenen Dreieckssäule, wenn die Schnittkante eine Länge von 5 cm hat.

37. Stahlträger haben unterschiedliche Profile. Die folgenden Zeichnungen zeigen dir verschiedene Querschnitte von 3,50 m langen Trägern.

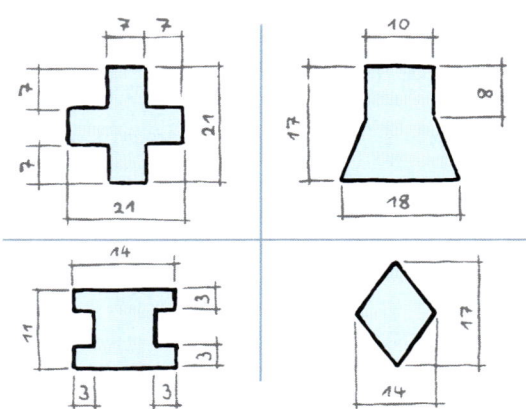

a) Bestimme jeweils das Volumen in Kubikdezimetern.
b) Bestimme von Zeichnung (1) und (3) die Mantelfläche in Quadratdezimetern.

Ergebnisse (ohne Einheiten): 0,75; 1,356; 1,65; 1,80; 4; 7,735; 15,7; 16; 43,541; 58,1; 72,1; 83,3; 85,75; 217; 294; 499,2; 527,52; 660; 668,75; 672; 3 840; 6 840.

Familie Dittmann hat eine Eigentumswohnung gekauft. Vor dem Einzug will sie Renovierungen vornehmen. Die Wohnung hat folgenden Grundriss:

1. Das Wohnzimmer soll einen neuen Teppichboden bekommen. Der Teppich hat eine Breite von 4 m oder 5 m. Frau Dittmann möchte keine Naht im Boden haben. Wie viel Quadratmeter Teppichboden muss Familie Dittmann kaufen, wenn sie in der Länge 20 cm mehr kauft?

2. Wie teuer ist der Teppichboden, wenn 1 m² 24,50 € kostet?

3. Für das Verlegen berechnet die Lieferfirma 2,50 € pro Quadratmeter. Wie hoch werden die Gesamtkosten?

4. Der Fliesenspiegel in der Küche soll erneuert werden. Er hat eine Höhe von 60 cm und befindet sich an der Wand zum Bad. Wie viele Fliesen müssen mindestens besorgt werden, wenn sie 7,5 cm lang und 7,5 cm breit sind?

5. In allen Zimmern müssen die Decken neu gestrichen werden. Für wie viel Quadratmeter muss Farbe besorgt werden?

6. Das Kinderzimmer wird tapeziert. Auf einer Rolle sind 10 m. Die Rollenbreite beträgt 0,53 cm. Wie viele Rollen müssen gekauft werden, wenn Fenster und Tür unberücksichtigt bleiben und der Raum 2,50 m hoch ist?

7. Sabine hat sich eine Tapete ausgesucht, von der die Rolle 12,60 € kostet. Wie viel Euro kostet die Tapete?

8. Für das Schlafzimmer sucht sich die Familie eine Tapete aus, von der die Rolle 13,50 € kostet. Welche Kosten ergeben sich für die Tapete?

9. Für das Wohnzimmer kostet eine Rolle Tapete 18,50 €. Welche Kosten ergeben sich für diese Tapete?

10. Die Wände im Flur sollen mit abgetönter Farbe gestrichen werden. Die 6 Türen, die 2 m hoch und 0,80 m breit sind werden von der Gesamtfläche abgezogen. Für wie viel Quadratmeter muss diese Farbe gekauft werden?

11. Im Wohnzimmer soll ein anderes Schaltersystem eingebaut werden. Es werden 15 Steckdosen zu je 14,50 €, 5 Schalter zu je 13,50 €, 2 Dreierrahmen zu je 11,50 €, 3 Zweierrahmen zu je 9,50 € und 8 Einzelrahmen zu je 8,50 € benötigt. Frau Dittmann sucht sich noch eine Lampe für 185,– € aus. Für den Einbau veranschlagt der Elektriker insgesamt 3 Stunden zu je 38 €. Berechne die Gesamtkosten für den Elektriker.

12. Eine neue Einbauküche soll 4350,– € kosten. Familie Dittmann handelt einen Preisnachlass von 8 % aus. Wie teuer ist die Küche noch?

13. Die Wohnung kostet pro Quadratmeter 1 450 €. Familie Dittmann hat ein Eigenkapital von 25000 €. Den Rest finanziert sie über die Bank. Der Zinssatz beträgt 6,25 %. Hinzu kommen noch 2 % für die Tilgung. Welche monatliche Belastung hat Familie Dittmann für die Finanzierung?

14. An Nebenkosten werden pro Monat 55 € für Gas, 65 € für Strom, 12,50 € für Wasser, 31,50 € für Abwasser und 22 € für Müllabfuhr eingeplant.
    a) Wie hoch sind die Nebenkosten?
    b) Wie hoch ist die monatliche Gesamtbelastung?

15. Bisher sind die Dittmanns 18 km zur Arbeit gefahren und hatten monatliche Kosten von 43,20 €. In Zukunft werden Sie 33 km fahren müssen. Um wie viel Euro steigen die Kosten?

Ergebnisse (ohne Einheiten): 7; 20,8; 34,3; 36; 77,26; 88,20; 108; 166,50; 186; 296; 509,60; 558,80; 603,10; 703,50; 789,10; 4 002.

Familie Ristow möchte sich ein neues Haus bauen. Sie möchten sehr viel in Eigenarbeit leisten und machen folgende Vorüberlegungen. Sie haben 55 000 € gespart. Für den Rest bekommen sie von der Bank eine Hypothek zu 6,5 % Zinsen plus 1 % Tilgung.

1. Der Bauplatz ist 25,40 m lang und 22,50 m breit. Ein Quadratmeter kostet mit Erschließungskosten 78,– €. Wie viel Euro Ersparnisse bleiben noch nach dem Kauf?

2. Den Keller lassen sie komplett aus Beton von einer Firma gießen. Dafür müssen sie 29 450 € bezahlen. Welche monatliche Belastung müssen sie ab jetzt einkalkulieren?

3. Das Verputzen der Kellerwände wollen sie selber machen. Die Kellerwände haben eine Gesamtlänge von 74,40 m und sind 2,05 m hoch. Wie viel Liter Mörtel müssen bestellt werden, wenn man pro Quadratmeter 17 *l* benötigt?

4. Der Putz hat eine Dicke von 1,5 cm. Wie viel Kubikmeter Putz wurden verarbeitet?

5. In der nächsten Phase wird das Haus als Rohbau mit Fenstern erstellt. Dafür sind 57 000 € zu zahlen. Wie hoch ist jetzt die monatliche Belastung?

6. Bei den Klempner- und Heizungsarbeiten hilft ein Verwandter, der insgesamt 112 Stunden arbeitet. Er bekommt 15,– € die Stunde. An Materialkosten fallen 2 300,– € an. Um wie viel Euro steigt die monatliche Belastung?

7. Im Wohnbereich müssen 103,50 m Wand mit einer Höhe von 2,52 m verputz werden. Wie viel Liter Mörtel müssen bestellt werden?

8. Im Badezimmer werden 11,56 m Wand 2 m hoch gefliest. Die Tür ist 0,86 m breit und 2 m hoch. Das Fenster ist 1,60 m breit und 1,60 m hoch. Frau Ristow sucht sich Fliesen aus, die 32,– € je Quadratmeter kosten. Welche Materialkosten fallen an?

9. Für Tapeten und Farben werden rund 1 500,– € veranschlagt. Als man die Rechnung bekommt, stellt man fest, dass sich der geschätzte Betrag um 35 % erhöht hat. Wie hoch sind die Ausgaben jetzt?

10. Um wie viel Euro steigt die monatliche Belastung durch die Ausgaben für Tapeten, Farben und Fliesen?

11. Für Türen, Lampen, sanitäre Einrichtungen, Gardinen usw. ergeben sich noch einmal Kosten von 5 720,– €.
a) Wie hoch sind die Gesamtkosten für das Haus und Grundstück bisher?
b) Wie hoch ist die monatliche Belastung ab dem Einzug?

12. Familie Ristow hat für Rasen, Beete und Nutzgarten insgesamt eine Fläche von 215 m². Beim Anplanieren stellt sie fest, dass sie überall noch eine Schicht von 15 cm Mutterboden gebrauchen könnte. Ein LKW bringt mit einer Fuhre 11 m³. Wie viele Fuhren sind erforderlich?

13. Die Terrasse ist 6,20 m lang und 3,60 m breit. Die Garageneinfahrt ist 8,20 m lang und 2,80 m breit. Beide Flächen sollen mit denselben Steinen gepflastert werden. Für wie viel Quadratmeter müssen Steine bestellt werden?

14. Um die freien Seiten der Terrasse und die langen Seiten der Garageneinfahrt sollen Kantensteine gesetzt werden. Wie viele Kantensteine von 1 m Länge müssen mindestens bestellt werden?

Ergebnisse (ohne Einheiten): 2,288; 3; 16,42; 24,88; 30; 45,28; 118,92; 475,17; 602,88; 895,80; 2 025; 2 592,84; 4 433,94; 10 423; 143 327,88.

Die Klasse 8c besteht aus 12 Jungen und 14 Mädchen. Sie plant eine Klassenfahrt in das Weserbergland nach Bodenwerder. Andrea erkundigt sich bei einem Busunternehmen und erfährt, dass der Bus insgesamt 945,– € kosten würde und 48 Personen mitnehmen könnte.

1. Die Jugendherberge nimmt bei Gruppenreisen für einen Tag Vollpension 18,30 €. Welche Kosten fallen pro Person an, wenn man montags gegen 11.00 Uhr ankommen und freitags nach dem Frühstück wieder abreisen wird?

2. Ansonsten kosten Übernachtung und Frühstück 12,30 €, Mittagessen 4,40 € und Abendessen 3,60 €. Wie viel Prozent werden aufgrund des Gruppenpreises gespart?

3. Wie hoch sind bisher die Gesamtkosten, wenn zwei Begleitpersonen mitfahren, die auch an den Buskosten beteiligt werden und wenn für Veranstaltungen vor Ort pro Schüler 25,80 € eingeplant werden?

4. Nach der Abfrage bei den Eltern steht fest, dass 3 Schüler nicht mitfahren werden. Um wie viel Euro erhöhen sich die Gesamtkosten für den Rest?

5. Um die Kosten niedrig zu halten, soll noch die Klasse 8b mitgenommen werden, von der 19 Schüler und 1 Begleitperson mitfahren. Welche Gesamtkosten ergeben sich jetzt pro Schüler?

6. Bodenwerder liegt 187 km entfernt. Das Busunternehmen kalkuliert mit einer Durchschnittsgeschwindigkeit von 68 $\frac{km}{h}$, weil die Fahrt nur über Landstraßen geht. Wie viele Stunden wird die Anreise dauern?

7. An einem Tag soll eine Wanderung durch den Vogler nach Holenberg unternommen werden. Die Strecke ist 10,4 km lang. Man geht davon aus, dass man 4 km pro Stunde wandert. Insgesamt werden 1,4 Stunden für Pausen eingerechnet. Um wie viel Uhr darf der Bus für die Rückfahrt frühestens bestellt werden, wenn man um 10.30 Uhr losgehen will?

8. Nach der Klassenfahrt können noch 8,40 € zurückgezahlt werden. Um wie viel Prozent wurden die geplanten Kosten unterschritten.

In einer Musik-AG wird eine Fahrt ins Musical geplant.

9. Ein Bus für 48 Personen würde 456,– € kosten. Ein Bus für 72 Personen würde 558,– € kosten. Um wie viel Prozent ist der größere Bus pro Person günstiger, wenn immer alle Plätze besetzt sind?

10. Die Karten kosten für Schüler 22,50 €. Ansonsten kosten sie 42,50 €. Wie viel Prozent sparen die Schüler, wenn sie an der Schulveranstaltung teilnehmen?

11. Welche Fahrzeit muss eingeplant werden, wenn man von einer Durchschnittsgeschwindigkeit von 80 $\frac{km}{h}$ ausgeht und die Entfernung 144 km beträgt?

12. Der Elternverein gibt den Schülern einen Zuschuss von 162,– €.
a) Wie viel Prozent der Buskosten sind das, wenn man den größeren Bus genommen hat?
b) Wie viel muss jeder Schüler aufgrund des Zuschusses noch bezahlen?

Ergebnisse (ohne Einheiten): 1,8; 2,75; 4; 4,05; 7; 9,9; 14.30; 18,4; 28;29; 47,1; 73,20; 108; 120; 132,75.

Anke und Arne gehen in ein Schreibwarenge-schäft, um sich zu Beginn des neuen Schuljah-res ihren Schreibbedarf zu kaufen.

1. Das Schreibwarengeschäft, das Anke und Arne betreten, hat eine rechteckige Grund-fläche, die 42,50 m lang und 38 m breit ist. Bestimme den Flächeninhalt der gesamten Verkaufsfläche.

2. Der Eingangsbereich mit den Kassen, die Gänge und einige Freiflächen nehmen 54 % der Fläche in Anspruch. Wie viel m^2 der Grundfläche verbleiben für die Darbietung der Schreibwaren?

3. Anke kauft 12 Hefte für 5,88 €. Wie viel Euro muss Arne für 14 Hefte bezahlen?

4. Die Höhe eines DIN-A4-Blattes beträgt 297 mm und die Breite 210 mm. Berechne den Flächeninhalt in dm^2.

5. Bei einer DIN A 4-Seite befindet sich links ein 2,5 cm breiter Rand und rechts ein 3 cm brei-ter Rand. Wie viel % der Gesamtfläche ver-bleibt zum Beschreiben? Runde auf eine ganzzahlige Prozentzahl.

6. Ein DIN-A4-Heft besteht aus 16 Blatt. Anke fragt Arne, ob für dieses Heft wohl 1 m^2 Papier gebraucht werde. Arne schätzt die Gesamtfläche der Blätter auf 1 m^2. Berech-ne die Fläche in m^2 und runde auf 3 Stellen hinter dem Komma.

7. Wie groß ist die Fläche in einem DIN-A4-Heft mit 16 Blatt, die beschrieben werden kann? Berechne die Fläche in m^2 und runde auf 2 Stellen hinter dem Komma.

8. Vier Verkäufer füllen die Warenbestände in den Regalen in 54 Minuten auf. Wie viele Verkäufer müssten für diese Arbeit einge-setzt werden, wenn die Arbeit in 36 Minuten geschafft werden soll?

9. Anke sieht an einem Stand mit Taschen-rechnern ein Sonderangebot. Dort wird ein Taschenrechner für 22,50 € mit einem Preis-nachlass von 30 % angeboten. Welche Dif-ferenz ergibt sich, wenn sie für den Kauf eines Taschenrechners höchstens 16 € vor-gesehen hat?

10. Arne trifft einen Klassenkameraden, der sich 6 Schnellhefter kaufen will. Arne teilt ihm mit, dass er kürzlich für 7 Schnellhefter 5,25 € bezahlen musste. Welchen Betrag bekommt der Klassenkamerad zurück, wenn er mit einem 10-€-Schein bezahlt?

11. Anke hat insgesamt für 45,60 € Schreibwa-ren eingekauft. Sie bekommt einen Preis-nachlass von 3 % weil das Geschäft ein Fir-menjubiläum feiert. Wie viel Euro spart sie dadurch?

12. Arne hat Waren für insgesamt 42,80 € zur Kasse gebracht. Da alle Kunden am Ju-biläumstag 3 % Rabatt bekommen, kann auch Arne etwas einsparen. Welchen Betrag muss Arne bezahlen?

13. Kurz vor Ladenschluss sind von 3 Kassen nur 2 Kassen geöffnet. Es dauert 12 Minu-ten, bis alle Kunden ihre Waren bezahlt haben. Wie lange hätte es gedauert, wenn alle 3 Kassen geöffnet wären?

Ergebnisse (ohne Einheiten): 0,25; 0,998; 1,37; 2,00; 5,50; 6; 6,237; 6,86; 8; 41,52; 74; 742,9; 1 615.

1. Im Freibad kostet der Eintritt für Jugendliche 1,25 €. Wenn man sich eine Zwölferkarte kauft, zahlt man 12,– €. Wie viel Prozent spart man dadurch?

2. Oliver trägt am Wochenende Zeitungen aus. Für 360 Zeitungen benötigt er 252 Minuten. Einmal übernimmt er eine Vertretung und trägt zusätzlich 260 Zeitungen aus. Wie viel Minuten ist er jetzt insgesamt unterwegs?

3. Ein Doppelblatt der Zeitung ist 47,3 cm lang und 62,8 cm breit. Insgesamt hat die Zeitung 12 Doppelblätter. Wie viel Quadratmeter könnte Oliver abdecken, wenn er alle 360 Zeitungen aufgeklappt nebeneinander ausbreiten würde?

4. Christian weiß, dass auf der letzten Klassenfete für 28 Jugendliche 35 Literflaschen Limonade ausgeschenkt wurden. Für seine Geburtstagsfete hat er 8 Jugendliche eingeladen. Wie viel Liter Limonade muss er besorgen, wenn er von dem gleichen Verbrauch ausgeht?

5. Katharina hilft in der Freizeit bei der DLRG. Zum Badesee braucht sie mit dem Fahrrad 33 Minuten, wenn sie im Durchschnitt 20 $\frac{km}{h}$ fährt. Einmal hatte sie starken Gegenwind und schaffte nur 15 $\frac{km}{h}$. Wie lange war sie unterwegs?

6. Bei seiner letzten Wanderung hat Kai für 14 km 2 Stunden und 40 Minuten benötigt. Wie viel Minuten muss er für 18 km einplanen?

7. Daniel hat in den letzten 31 Tagen 527 SMS verschickt. Auf wie viele SMS kommt er dann in einem Jahr, wenn der Tagesdurchschnitt gleich bleibt?

8. Lars mäht bei den Nachbarn in der Siedlung den Rasen. Er hat vereinbart, dass er für 1 Stunde 6,60 € bekommt. In der letzten Woche war er 75 min, 40 min, 55 min und 90 min im Einsatz. Wie viel hat er insgesamt verdient?

9. Dennis repariert gerne Fahrräder. Das letzte defekte Fahrrad hat er für 15,– € ersteigert. Für Ersatzteile hat er 29,– € ausgegeben. Er bietet es nun mit einem Gewinn von 25 % an. Welchen Preis verlangt er?

10. Melanie verkauft ihre Kinderkassetten auf dem Flohmarkt. Für eine einzelne möchte sie 1,50 € haben. 5 Stück bietet sie für 6,– € an. Wie viel Prozent spart man pro Kassette, wenn man 5 Stück kauft?

11. Zwei Brieffreundinnen wohnen 56 km auseinander. Sie wollen sich an einem Ferientag in der Mitte mit dem Fahrrad treffen. Sabine hat ein Rennrad und kalkuliert mit einer Durchschnittsgeschwindigkeit von 24 $\frac{km}{h}$. Elin hat ein Tourenrad und geht von 20 $\frac{km}{h}$ aus. Wie viel Minuten müssen sie jeweils für die Anfahrt einplanen?

12. Markus baut sich eine elektrische Eisenbahn auf. Er benötigt eine Sperrholzplatte, die 2,20 m lang und 1,60 m breit ist. 1 m² Sperrholz kostet 12,50,– €. Wie teuer ist die Platte?

13. Auf einem Flohmarkt bekommt er einen Modellbahnhof gebraucht für 33,– €, der neu 55,– € kostet. Wie viel Prozent hat er gespart?

14. Sven gestaltet gerne Grafiken am Computer. Seine Dateien sind alle zwischen 1,1 und 1,3 MB groß. Insgesamt hat er schon 25 Grafiken erstellt, die er gerne sichern möchte.
a) Wie viele Disketten zu je 0,25 € müsste er besorgen, wenn eine Diskette 1,44 MB speichern kann?
b) Er kann alle Dateien auch auf eine CD brennen, die 0,60 € kostet. Um wie viel Prozent werden seine Ausgaben dadurch gesenkt?

15. Die Länge zweier Seilenden unterscheidet sich um 12,50 m. Zusammen sind sie 50 m lang. Wie lang ist jedes Seilende?

Ergebnisse (ohne Einheiten): 12; 18,75; 20; 20; 25; 28,60; 31,25; 40; 44; 44; 55; 70; 84; 90,4; 192; 434; 1 283,23; 6 205.

1. Die Grundkante einer quadratischen Säule hat eine Länge von 35 cm. Die Säule ist 1,20 m lang. Aus der Säule werden 3 Zylinder mit einem Durchmesser von 11 cm herausgebohrt. Welches Volumen hat der Abfall?

2. In einem Parkhaus ist ein Einstellplatz für einen Pkw mit einer Länge von 6,10 m und einer Breite von 2,90 m gekennzeichnet. Berechne die Stellfläche.

3. Patrik plant für seine Radtour, dass er täglich 2,5 Stunden fahren muss, wenn er mit 20 $\frac{km}{h}$ fährt. Um wie viel Minuten kann er seine Fahrzeit verkürzen, wenn er mit 25 $\frac{km}{h}$ fährt?

4. Eine runde Tischplatte wird in der Mitte so geteilt, dass eine 60 cm breite rechteckige Tischplatte zusätzlich eingesetzt werden kann. Welche Fläche hat der Tisch dann, wenn sein Durchmesser 1 m beträgt?

5. Wenn 40 Personen an einer Bustour teilnehmen, muss jeder 45,– € bezahlen. Wie viel muss jeder bezahlen, wenn 48 Personen teilnehmen?

6. Wenn jede Seite eines Buches mit 48 Zeilen bedruckt wird, hat das Buch 156 Seiten. Wie viele Seiten spart man, wenn jede Seite mit 52 Zeilen bedruckt wird?

7. Wenn man zum Doppelten einer Zahl ein Fünftel der Zahl addiert, erhält man 220. Wie heißt die Zahl?

8. Berechne zu einem Kaufpreis von 321,50 € die Mehrwertsteuer von 16 % hinzu.

9. Ein Dreieckszelt hat unten an der Eingangsseite eine Breite von 1,50 m. Der Eingang hat eine Höhe von 1,60 m. Das Zelt ist 2,20 m lang. Welchen Rauminhalt hat es?

10. Welcher Betrag wurde mit 3,2 % verzinst, wenn für die Jahreszinsen 102,40 € ausgezahlt werden?

11. Ein Betonring ist 5 cm hoch. Er hat einen äußeren Durchmesser von 80 cm und einen inneren Durchmesser von 70 cm. Wie viel Kubikmeter Beton werden zur Herstellung von 250 Ringen benötigt?

12. Kannst du den Inhalt eines Würfels, der eine Kantenlänge von 12,6 cm hat, in einen Quader umschütten, der 25 cm lang, 12 cm breit und 6 cm hoch ist?

13. Das Fallrohr einer Dachrinne hat einen inneren Durchmesser von 8,6 cm. Es hat eine Höhe von 7,50 m. Wie viel Liter Wasser stehen in dem Rohr, wenn es wegen Abflussschwierigkeiten randvoll gefüllt ist?

14. Bei einem Kreisverkehr wird in der Mitte eine Rasenfläche angelegt. Berechne den Flächeninhalt, wenn der Durchmesser 18 m beträgt.

15. Die Mitglieder einer Wandergruppe zahlen für 7 Übernachtungen in Jugendherbergen 86,10 € pro Person. In den Sommerferien wollen sie 15 Übernachtungen machen. Mit welchen Kosten müssen sie rechnen?

16. Nach einer Preiserhöhung hat sich der Preis eines Sportwagens von 25 800,– € auf 26 187,– € verteuert. Berechne die Preiserhöhung in %.

17. Hendrik hat 20 quaderförmige Karteikästen gebastelt, die 23 cm lang, 8 cm breit und 16 cm hoch sind. Für wie viel Quadratmeter muss er Lack besorgen, wenn alle Außenflächen gestrichen werden sollen?

18. Familie Büloh hat einen runden Tisch mit einem Durchmesser von 0,90 m. Sie möchte sich einen neuen Tisch kaufen, der die doppelte Fläche hat. Welche Fläche soll der Tisch haben? Runde auf 2 Stellen hinter dem Komma.

Ergebnisse : 0,5; 1,27;1,385; 1,472; 1,5; 2,64; 2,72; 17,69; 37,50; 43,5; 100; 144; 184,5; 254,34; 372,94; 1 800; 2 000,376; 3 200; 34 194,6.